子どもを
一流のアスリートに
したければ
足指力
を鍛えなさい!

動作解析評論家
夏嶋 隆

南雲堂

真《しん》の一流アスリートとは何か？

本当の一流アスリート

↓

人体の持つ力を最大限に発揮《はっき》させる

↓

効率のよい体の使い方で、
長年活躍できる

人体の構造《こうぞう》に沿《そ》った正しい体の使い方をすることで、
高いパフォーマンスとケガの少ない競技生活が両立できる

動《どう》作《さ》解《かい》析《せき》でわかった ボルトとイチローの走りの共通点

スタート時、足を体の真下に着かない

頭は踏み出した足の上に来るようにする
体の真下に足を着かない

最初の２～３歩は、体の幅よりも外に踏み出す

陸上のウサイン・ボルトもメジャーで活躍するイチローも、スタート時の数歩は体の幅《はば》よりも外側に足を着《つ》く。そして、両足の幅を骨盤《こつばん》幅にして走っていく

サッカー世界最優秀選手

C・ロナウドは足指力が抜《ばつ》群《ぐん》に強い

ロナウドは、足指着地をしている

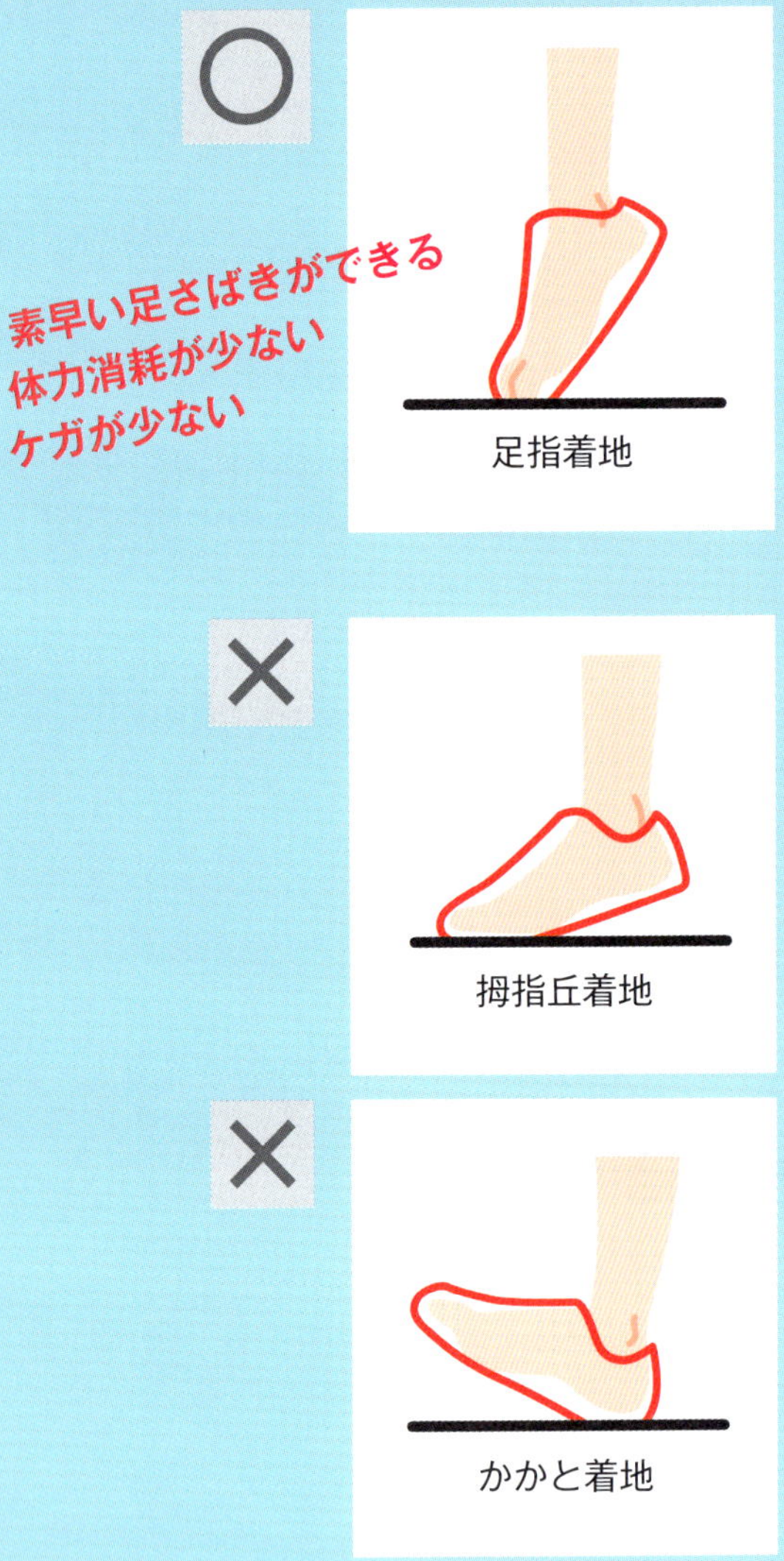
○
素早い足さばきができる
体力消耗が少ない
ケガが少ない
足指着地
×
拇指丘着地
×
かかと着地

サッカー界で足指着地を徹底《てってい》しているのがC・ロナウド。このおかげで彼はプレー中の消耗《しょうもう》も少なく、10年以上もひざや腰に大きなケガをすることなく活躍している

一流アスリートが実践

後ろ足始動を身につけろ

バドミントン

左足は進む方向と直角に向ける

フェンシング

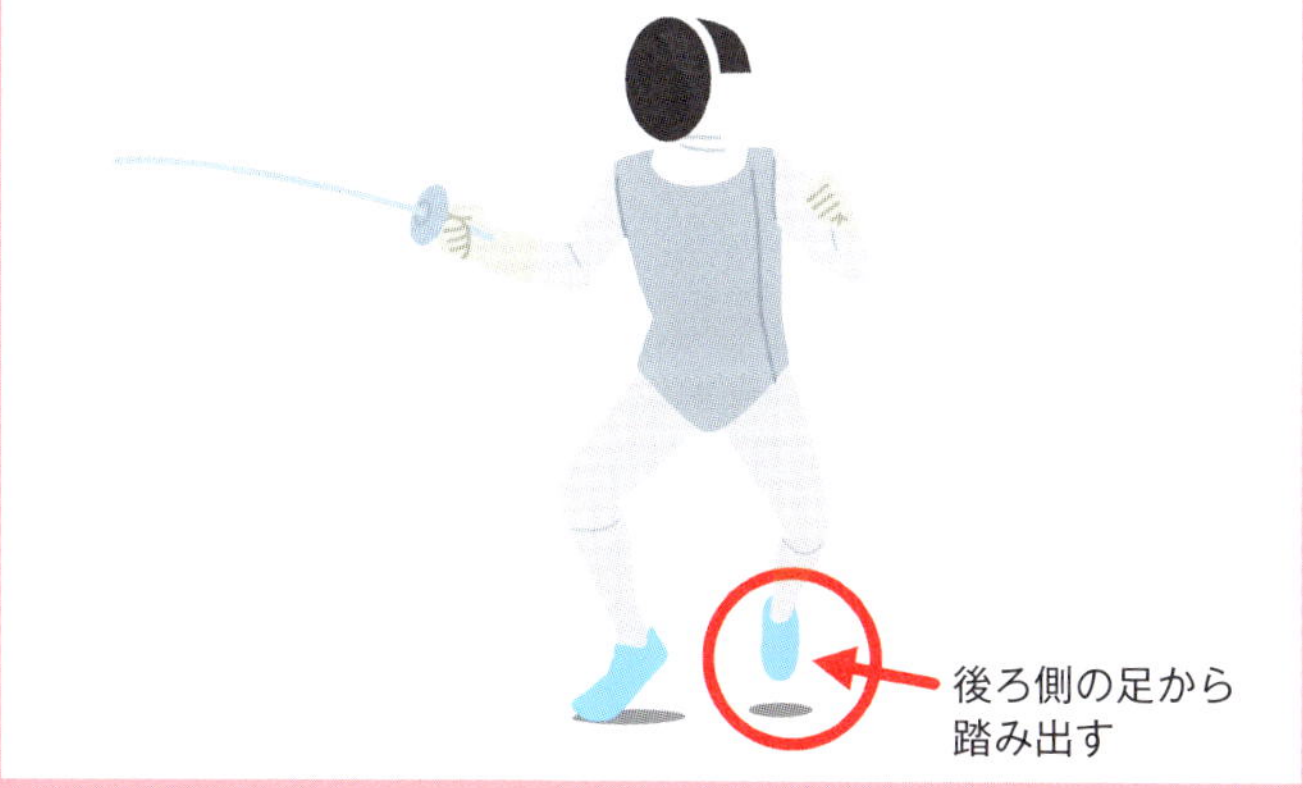
後ろ側の足から
踏み出す

野球

後ろ足から
踏み出す

素早く動きたいとき
前側の足から動かさず
後ろ足から始動させる

高パフォーマンスを生む
人体の構造に沿った体の使い方

跳《と》ぶステップ

4.6m→0秒6

頭（重心）が大きく動かないため次動作に備えやすく、足腰の負担も少ない

短距離ダッシュは走らず跳ぶ方が早い

前傾姿勢ダッシュ

× 4.6m→1秒1

頭が足より前に出る姿勢は、足腰の負担となり、将来、ケガを招く

高く跳ぶためのジャンプ

かかとの
外側から着く

両腕はこの瞬間に最大振り幅
顔と肩は正面を
向け骨盤は斜め
右方向を向く
ひざの角度は
110度
親指を着いて
踏み切る

反対向きに着地

足に悪い
クセは自分自身でつけている

体を退化させる3つの悪い形

拇指丘《ぼしきゅう》折り

×

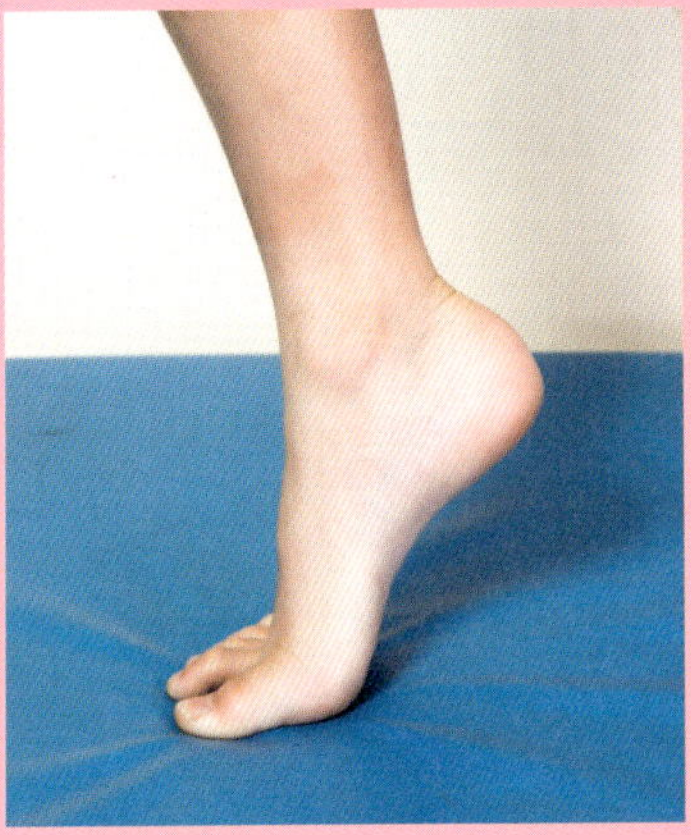

鋭角足首

×

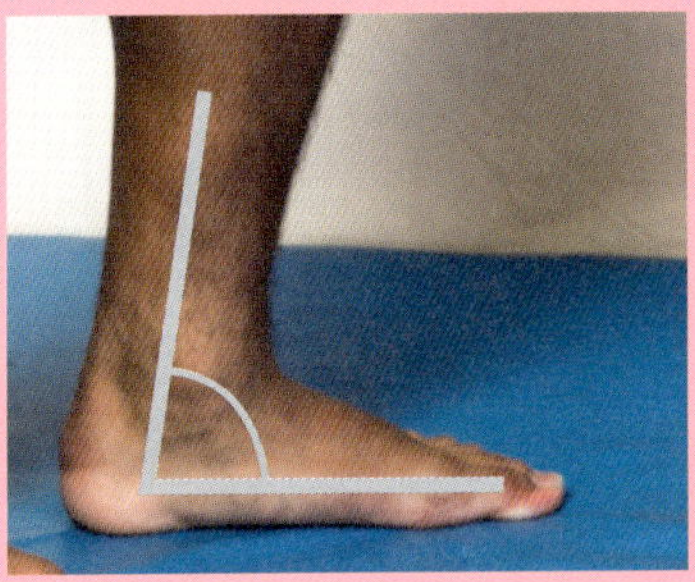

背屈《はいくつ》手首

×

硬く平らな床で
子どもを裸足で過ごさせると足が退化!?

フローリングで裸足は足の成長に悪影響

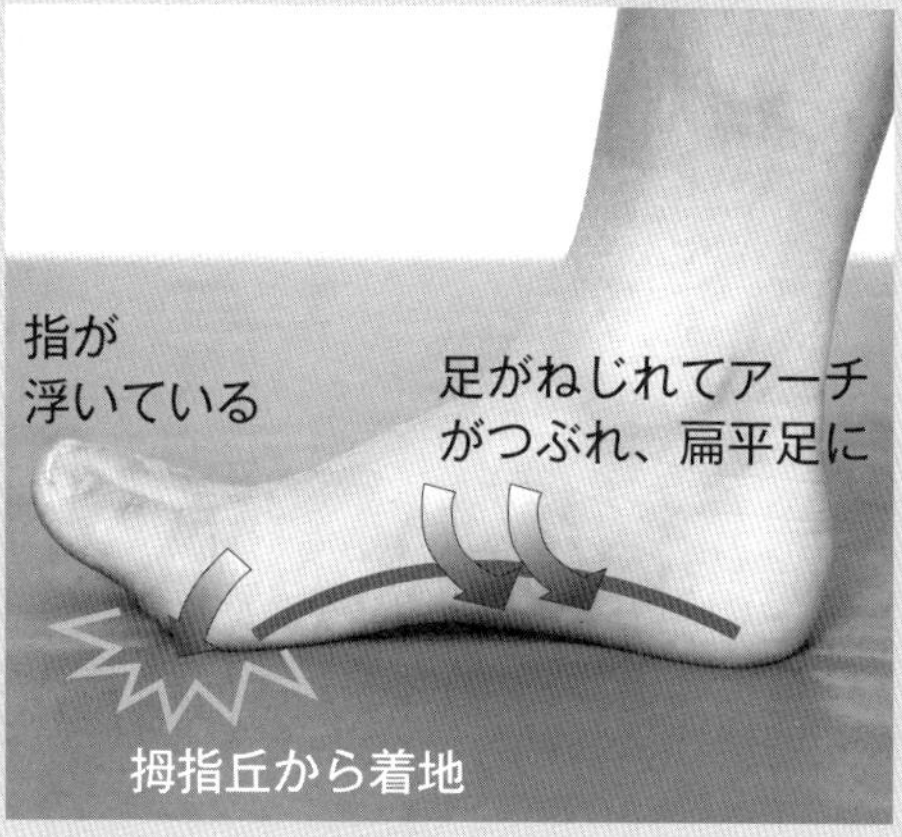
指が
浮いている
足がねじれてアーチ
がつぶれ、扁平足に
拇指丘から着地

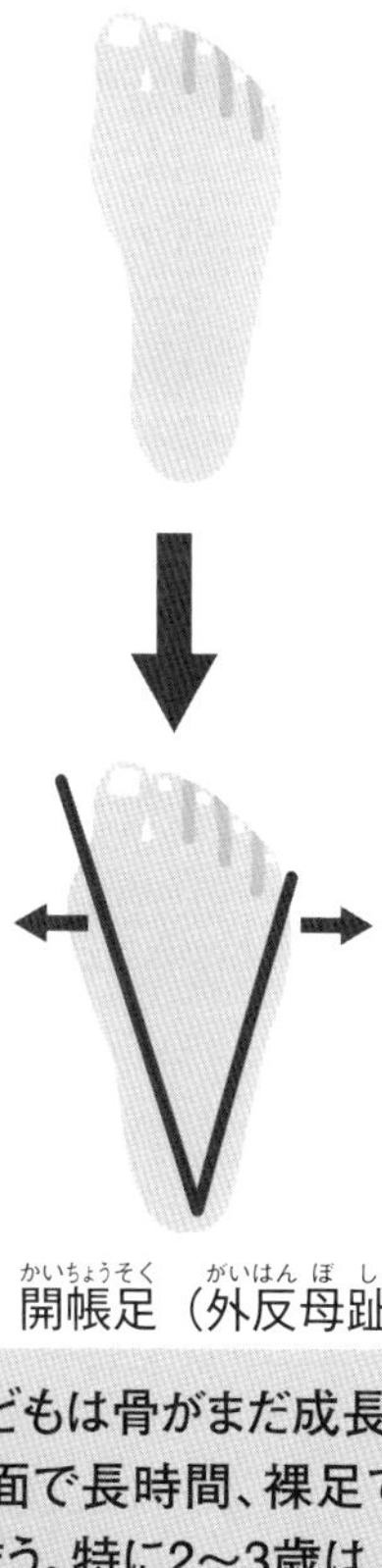

開帳足《かいちょうそく》（外反母趾《がいはんぼし》）

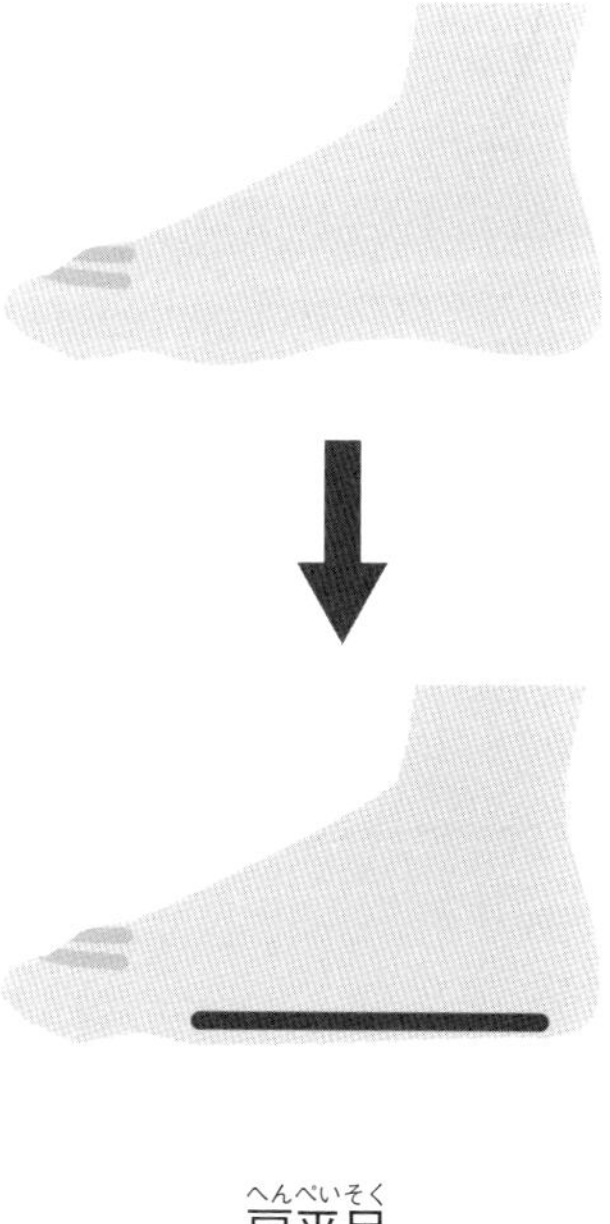

扁平足《へんぺいそく》

子どもは骨がまだ成長途上で固まっていないため、硬い床や地面で長時間、裸足で過ごさせると扁平足のクセがついてしまう。特に2〜3歳は、足の成長において重要な時期のため要注意

CONTENTS

第3章
競技別
一流アスリートになるための基礎動作

第4章

終章

第1章

一流アスリートを目指す君へ

一流アスリートを目指す君へ
そしてサポートするお父さんお母さん方へ

私が考える
真の『一流アスリート』とは

「一流アスリートになることを願う子どもたちを手助けする本は作れないでしょうか」

この本の企画をいただいたとき、正直なところ、私は少し違和感を覚えました。

『一流アスリート』――この言葉からみなさんが思い描くのは、おそらく、サッカーでシーズン何10ゴールも決めて得点王になるストライカー、野球でホームランを年間50本打つバッターや１５０キロ以上の速球で三振の山を築《きず》くピッチャー、オリンピック金メダルを取った格闘家、あるいは、１００ｍを10秒前後で走り抜ける陸上スプリンター……。そのような姿ではないでしょうか。

そういう選手たちは、いずれも生まれ持った資質《ししつ》を長期間の練習や鍛錬《たんれん》で磨《みが》き抜

真の一流アスリートとは!?

スポーツの世界で成功したように見える選手全員が『一流アスリート』といえるのだろうか？

いた素晴らしいアスリートです。でも、私の考える『一流アスリート』に全員が当てはまるかというと、少し違うのです。

例えば、サッカーでは、プロデビューした年にいきなり何点も決めて注目されながら、ケガがちになり数年で第一線から遠ざかるという選手がいます。野球でも、剛速球を持っていると期待されながら故障に悩み、やめていくピッチャーもいます。

別の視点もあります。ホームランは何10本も打つけれど、走らせてみるとドタドタと全然走れない野球選手がいます。体重をつけた方が有利だからと無理な食生活を続け、慢性《まんせい》的な病気を抱《かか》えてしまうような力士もいます。そういった選手は、熱心に一つの道を極《きわ》めた尊敬すべき存在ではありますが、『一流アスリート』という言葉とは少し異なるものだと、私は感じています。

アスリートとは、人体の各部の機能を極限《きょくげん》まで引き出す存在です。人間の体は、本来備わっている機能通りに動かしてやれば、効率よく、無理も少ない運動ができるものなのです。そして、体の各部を巧みにコントロールし、人体に備《そな》わった機能通り自在《じざい》に、最も効率よく動かすことのできる人間——それこそが、真の『一流アスリート』ではないでしょうか。そんなアスリートこそ、ベテランと呼ばれる年齢になっても高レベルなパフォーマンスを維持し続けることができるのです。

イチローやC・ロナウドが真の『一流アスリート』

イチローという野球選手がいます。彼は、40歳台半《なか》ばを迎《むか》えた現在でも、世界トップレベルの怪物が揃《そろ》うメジャーリーグで戦い続けています。イチローが若い頃からとても研究熱心で、ストイックなまでに体に気を遣うということはよく知られていますが、大事なのはその内容です。彼のトレードマークである走塁ひとつをとってみても、スタート時の姿勢、足の動かし方、そして加速から減速まで、人体の構造に沿《そ》って無理なく効率のよい走り方、動かし方を研究した成果だということが伝わってきます。だからこそイチローは、現役生活で大きなケガもなく、いつまでも若手のような身のこなしでフィールドを走り抜けることができます。

サッカーでは、ユベントス所属のクリスティアーノ・ロナウド（ポルトガル）という選手がいます。多くの人は、何10点取ったとか、こんなアシストをしたという観点で評価しますが、彼が何より素晴らしい点は、10年以上も大きなケガをすることなく、33歳の現在まで常にトップパフォーマンスを維持し続けていることです。彼の近年10シーズン（2009～18）の成績を見ると、平均で年間59試合出場、

53ゴール（クラブと代表の公式戦通算）と驚異的《きょういてき》な数字です。当たりの激《はげ》しい攻撃のポジションで10年以上こんな成績を残し続けられる秘訣《ひけつ》は何なのか。それを追求していくと、やはり人体の構造に沿った体の使い方、動かし方、その徹底《てってい》へとたどりつくのです。

私の考えでは、彼らのような選手こそが真の『一流アスリート』です。つまり本書は、体に我慢《がまん》させ、無理をさせて目先の成績を追求することを目指す本ではありません。人体の構造に沿って体を動かし、効率よく最大のパフォーマンスを獲得するにはどうしたらよいか、それを考え、実践することがテーマなのです。

スポーツでケガをする選手としない選手の違い

足がおかしいから　ひざや腰が痛くなる

　私はメディカルトレーナーとして、学生からプロまで、さまざまなレベル、そして幅広い年代のアスリートたちを診《み》てきました。

　そのなかには、10代で競技生活を諦《あき》らめなければならないような故障を抱《かか》えてしまった選手もいます。おそらく、みなさんが想像しているよりずっと多くの選手が深刻《しんこく》なケガを抱えながらスポーツをしています。

　部位でいうと、圧倒的に多いのがひざのケガです。ではなぜ、スポーツを続けられないほどひざが痛くなってしまうのでしょうか。

　それは、走るとき、歩くとき、あるいは運動中の足の使い方がおかしくなっているからです。人間という生き物は、裸足で野山を歩き回って狩猟・採集をしていた先祖から受け継《つ》いだ足の構造を持っていて、足首やひざ、腰への衝撃《しょうげき》や負担を和《やわ》らげるようにできています。しかし、現代人は便利な生活、そして整いすぎた環境のために足が退化《たいか》し、体に備《そな》わる自然のクッション機構を機能させることのできない人が多くなっています。同時に、足の退化によって足首、ひざ、股関節《こかんせつ》などの動作が本来の動きよりも傾いたり、内旋《ないせん》したり、向きが変わったりというクセもついてしまいます。そうなると、体重を支えきれなくなって痛みが出たり、それをかばう動作によってさらに別の痛みが生じ……という悪循環《あくじゅんかん》に陥《おちい》ってしまうのです。

これは、たまたま運悪くケガをしたとか、体質的に故障しやすい体だったとか、そういうことではないのです。幼い頃から正しくない足の使い方を続けてきたことが、ひざや足首、股関節への負担という形で現われた結果です。厳《きび》しい言い方をすれば、ある意味で必然《ひつぜん》といえるでしょう。

中高生でも深刻なケガを持つ選手は多い

なかには、小さい頃から崩《くず》れた足でスポーツを続けてきて、中学生ですでにひざ

退化した足の代表的な例

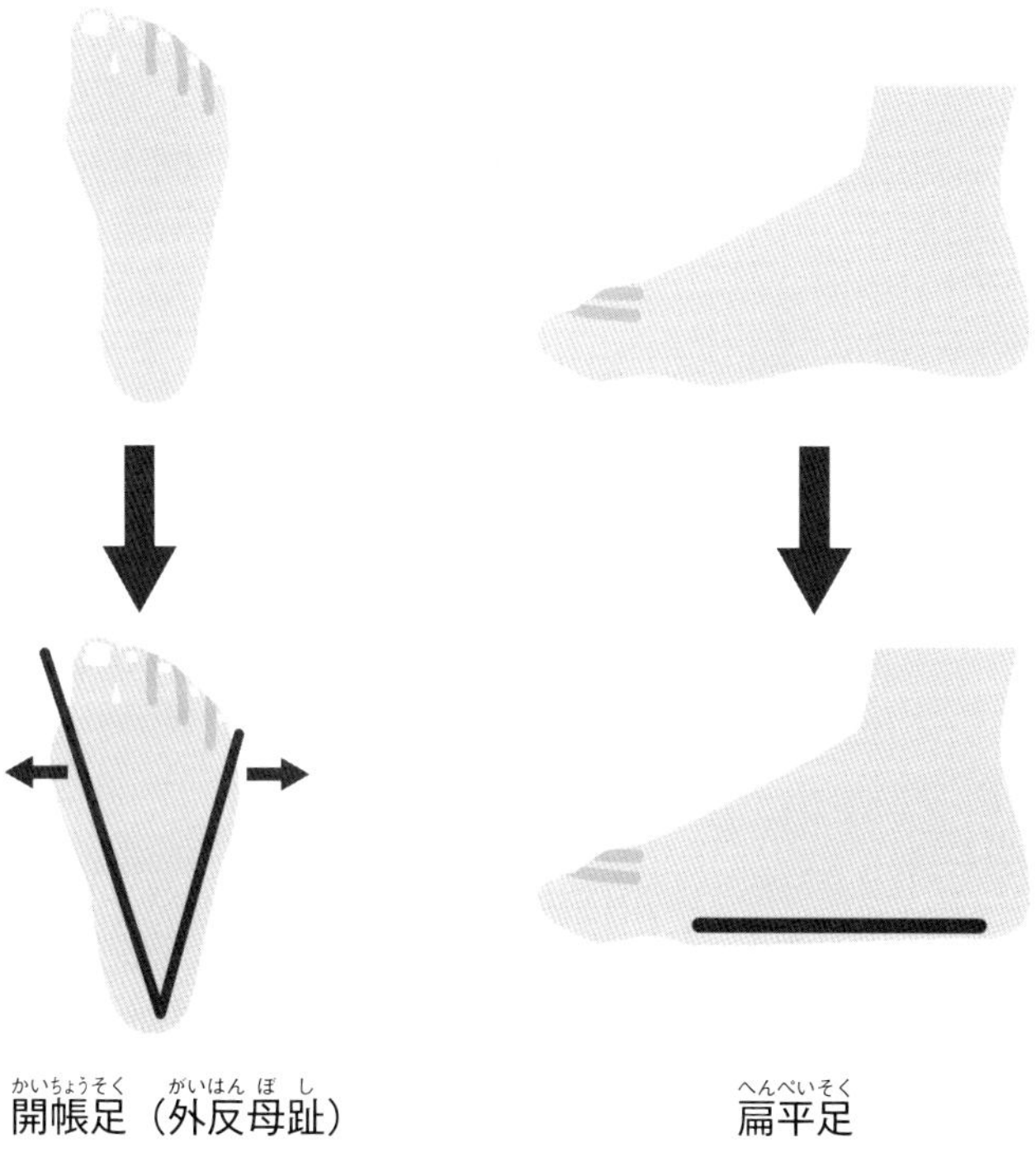

扁平足と開帳足（外反母趾）は足の退化の代表例。本来、人間の足に備わっている衝撃吸収等の機能が下がり、ひざや腰へのダメージも増える

がボロボロの子もいます。私は物事をはっきり言う方ですから、
「この脚《あし》のままでは、プロなんてとても無理ですから考えないでください。
できる範囲で部活をやらせつつ、進路のことも考えてあげてはどうでしょうか」
と、保護者の方に伝えることもあります。

痛いのを我慢し、なんとか誤魔化《ごまか》してスカウトの目に留《と》まり、プロになれたとしても、本当の競争はそこからです。足の使い方がおかしいまま、故障と隣り合わせの体では、とてもプロアスリートとしての成功は叶わないでしょう。プロ選手になることだけが人生ではないのですから、トータルで人生を考え、周囲が別の選択肢をアドバイスしてやることも大事なことです。

動作解析《どうさかいせき》でケガの原因を解明

動いている関節・骨・筋肉を観察
人間の体の連動を探る

私はバレーボールの指導者、そしてメディカルトレーナーという立場を通じ、動作解析という視点でスポーツを捉《とら》えてきました。動作解析とは、

①動作中の人体各部の動きを観察・記録
②運動学、解剖学《かいぼうがく》、生理学等の観点からそれを解析
③得られた知見《ちけん》をスポーツ技術向上、ケガの治療に活用

というプロセスを柱としています。

このとき重要なのが、「動いている」状態を観察するということです。人間の関節や骨、筋肉にとって本来の自然な動きとはどういうものか。不自然な動きになっているとしたら、それはどこか他の部位が影響しているのか――。

一例を挙《あ》げると、スポーツ選手でよく見かけるケガとして腿裏《ももうら》（ハムストリン

グ）の肉離れがあります。みなさんもスタジアムやスポーツ中継などで目撃したことがあるでしょう。この肉離れ、ありふれたケガのため、「疲れがたまっていたんだろう」といった感じで特に追求することもなく、

腿裏の肉離れは、かかとのゆがみが原因

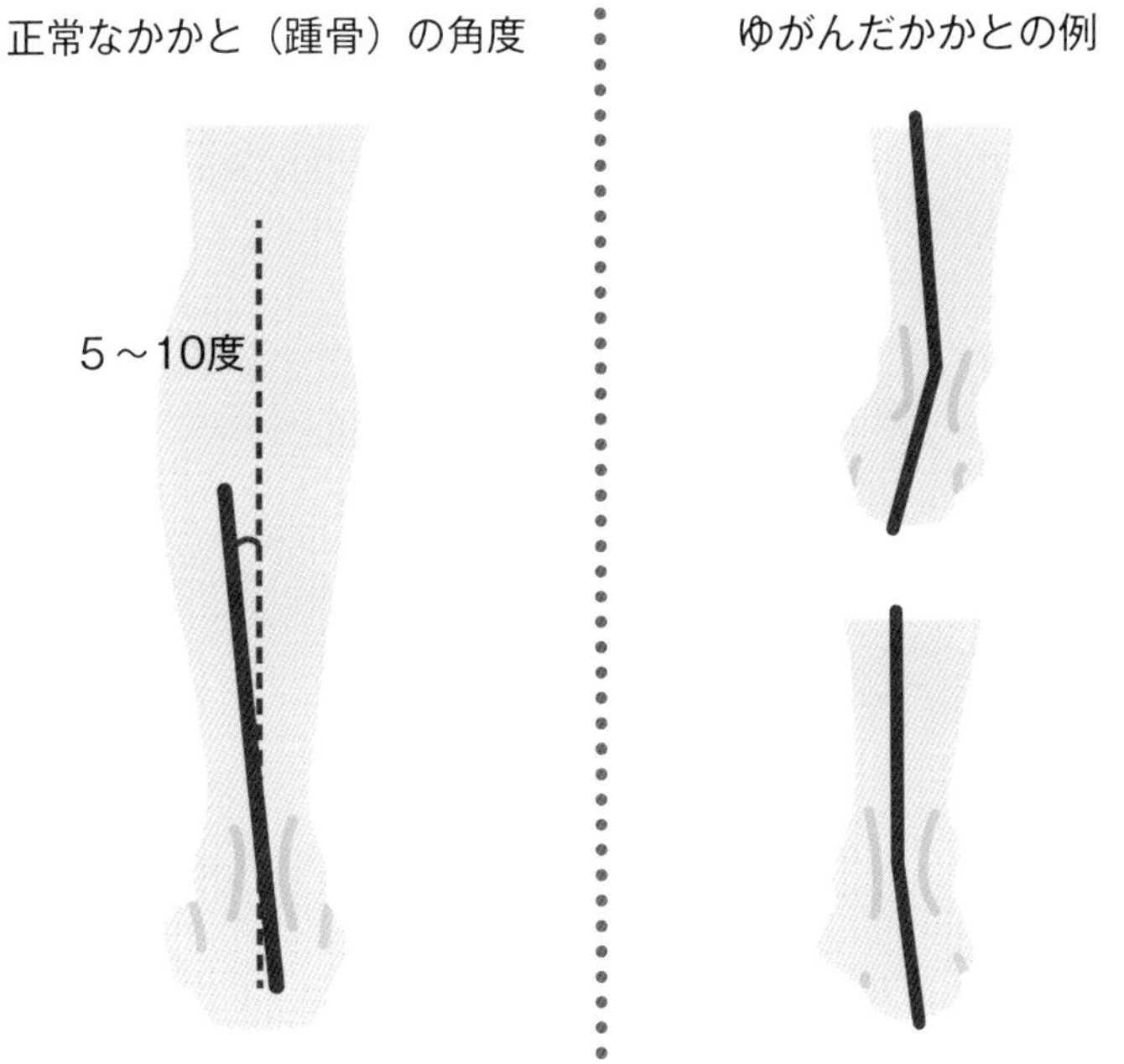

脚に対して正しいかかとの角度は5～10°。この角度がずれ、ゆがんだかかとで運動をすると太腿の裏の筋肉が張り、肉離れにつながる

再発したとしても「クセになっちゃったか」程度で済まされてしまいがちです。しかし、腿裏《ももうら》の肉離れをしやすい人には共通点があるのです。それは、かかとのゆがみ。踵骨《しょうこつ》（かかとの後ろ側の骨）は、真後ろから見たとき、すね（脛骨《けいこつ》）に対して5～10度斜めになっているのが正常です。

ところが、踵骨がゆがんで角度がずれた状態となっている人が少なくありません。そして、人間の体は、骨、関節、筋肉、腱で全身が結ばれて連動していますから、かかとがゆがんだ状態で走り続けると最終的に腿裏の筋肉に大きな負担がかかってきます。サッカーなど日頃から走るスポーツで腿裏の肉離れを起こした選手は、大半がこの踵骨にゆがみが見られます。つまり、肉離れがクセになっているとしたら、腿裏の筋肉自体に原因があるわけではなく、走っているときのかかとのゆがみを直さないから肉離れを繰り返すのです。

一般の人でも、かかとがゆがんでいる例は珍しくありません。スポーツ選手のように激しい運動をするわけではないので肉離れまではいきませんが、ちょっと長く歩くと腿の裏側に張りが出てくるという症状のある人は、踵骨の角度がおかしいまま歩いているのです。

選手をなんとか上達させたい動作解析にたどりつく

この動作解析という考え方に私が着目し始めたのは、1980年代、実業団女子バレーボールの指導者をしていた時代です。

私が監督・コーチを務めていたのは久光製薬というチームで、日本リーグの下の実業団リーグ（現在のVチャレンジリーグに相当）に所属していました。当時は地方の小さなチームでしたから、選手も春の高校バレーで注目されるようなトップレベルのタレントは獲得《かくとく》できません。ですから、所属している選手達をなんとか練習で鍛え、当時の強豪、日立やダイエーといったタレント軍団に対抗できないかということばかり毎日考えていました。

レシーブのうまい選手と下手な選手はどこがどう違うのか。あるいは、攻撃の新しいパターンを教えたとき、すぐに飲み込んでできるようになる選手と、なかなか覚えられない選手は何が違うのか……。さまざまなことを考え、選手の動作を観察しました。

ある日、アンダーハンドパス（レシーブ）を見ていました。体に近い、イージーな位置に来たボールをいい体勢でレシーブすれば、当然、高確率でいいボールが上がります。しかし、左右に振られ、崩れた体勢でレシーブせざるを得ないときでも、時としていいボールを上げられることがあります。あらためて、そういうレシーブをよく観察しました。すると、ボールを親指の背に当てていたとき、高い確率で好レシーブできることがわかってきました。

人体の神経について調べると、手の親指の背は神経の経路になっていて、素早い反応のできる「反射体」というものが存在することがわかりました。この反射体、体のさまざまな場所に点在しています。例えば、足の甲《こう》です。サッカーで前方から来たグラウンダーのボールをトラップして止めるとき、ほとんどの指導者は足のインサイドで止めろと教えるでしょう。でも、インサイドに当てると、トラップが大きくなりすぎたり、浮いてしまったりして敵にボールを奪《うば》われてしまうこともあります。そうではなく足首を伸ばしてつま先を真下に向け、足の甲にボールを当ててトラップした方が、ボールを止めるという点においては繊細《さ さい》なコントロールができるのです。

バレーボールでも同じような話で、アンダーハンドパス（レシーブ）は、揃《そろ》えた前腕部《ぜんわん ぶ》（手首とひじの間）にボールを当てるのがセオリーとされています。ですが、

反射体を使うと繊細なコントロールができる

サッカー

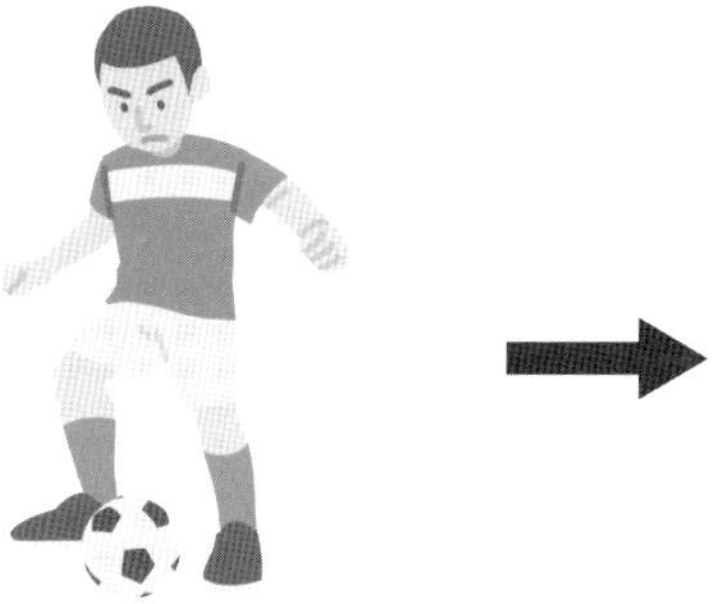

足の甲でトラップ

バレーボール

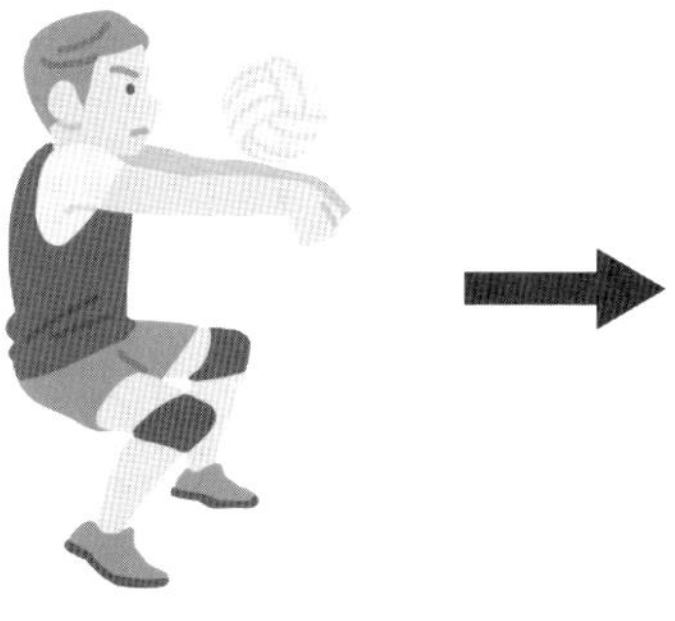

親指の背でレシーブ

神経の経路である反射体は、高速かつ繊細な反応ができる部位。
スポーツにも応用できる

観察の結果から、私は反射体のある親指の背にボールを当てるよう選手に指示し、それでレシーブ練習をさせました。すると、守備力が格段に向上し、われわれのチームは国内トップチームであるダイエーを破って国体で優勝するまでになったのです。

一流アスリートの共通点は足の使い方

ケガなく高いパフォーマンスを
それがスポーツに携わる者の願い

このように、動作解析という視点でさまざまなスポーツを観察し、トップアスリートたちの動作を見ていくと、ある体の部分の使い方に共通点があることがわかってきました。

その部位は、足です。（本書で、特別な説明なしに「足」という言葉を使うときは、くるぶしから先の部分を指します。英語でいうところの「ｆｏｏｔ《フット》」です。また「脚」は、足・足首・すね・ヒザ・ももを総称《そうしょう》した下半身部分を示すこととします）

トップクラスのパフォーマンスを長期にわたって維持できる選手は、共通して、人間の骨格や筋肉の付き方にのっとった正しい足の使い方ができています。それが徹底されているから、最大のパワーを効率よく足から地面に伝えることができ、人よりも高いパフォーマンスが発揮できます。そして、正しい足の動きだからこそ、足首、ひざ、腰などの関節、骨、そして筋肉へ余計な負担をかけることなく、故障の少ない競技生活を送ることができていたのです。

多くのスポーツにおいて、体重を支え、動きを生み出す原動力となる足は、動作の基礎をなしています。

日本のスポーツの現場でも、

「足は体の土台だ」

「下半身こそが基本」

などという言葉はよく耳にします。監督やコーチからそんな言葉をかけられ、

「だから走れ!!」

と部活動でひたすらランニングをさせられた記憶をお持ちの方も多いのではないでしょうか。

でも、そんなに重要なランニングなのに、「こうやって走れ」と指導してくれる

練習のランニングが故障の原因!?

悪い足の使い方で練習を続けたことが足、ひざ、腰の故障の要因となっていることも多い

監督・コーチはほとんどいません。そのため、脚やひざに負担のかかる走り方でランニングを続け、練習の中で腰痛《ようつう》やひざ痛、筋肉の過度《かど》な疲労《ひろう》などを自ら招《まね》き寄せている選手も少なくないのです。

私はコーチ、そしてスポーツトレーナーとして、若い熱意あるアスリートたちが、ひざや腰の故障で苦しむ姿、泣く泣く競技生活を諦める姿を、数え切れないくらい見てきました。

「スポーツにケガはつきもの」

「残念ながら不運だった」

そんな言い方をする人もいますが、私の考えは違います。スポーツにおける故障の多くは、練習や普段の生活も含めた体（主に足）の使い方によって起こるのです。

本書は、そんなスポーツ界の現状が少しでも改善し、多くのアスリートがケガなく活躍してくれることを願って著《あら》わしたものです。

アスリートを志す若い人が一流アスリートに共通する正しい足の使い方を身につけ、より高いレベルのパフォーマンスにたどりついてほしい。そして、ケガのない競技生活を送って日本のスポーツをレベルアップしてもらいたい……。

それが、スポーツに携《たずさ》わる者としての、心からの願いなのです。

第 2 章

動作解析で見る
一流アスリートの足づかい

クリスティアーノ・ロナウド

Cristiano Ronaldo

サッカー

ポルトガル代表

つま先立ちでプレーできる足指の強さ

つま先立ちで走れる足指力

ときには、バレエダンサーのように片足のつま先で着地し、つま先立ちのまま片足ジャンプも見せる。強靱《きょうじん》な足指がプレーのキレ、スピード、精度を生み出す

クリスティアーノ・ロナウド

1985年2月5日生まれ、ポルトガル出身。身長182cm／体重89.5kg。スピード、体の強さ、シュート力を兼ね備える世界最高のストライカー。17歳でプロデビューし、18歳でマンチェスター・U（イングランド)へ移籍。2009年からはレアル・マドリード(スペイン）のエースとして数々のタイトル獲得に貢献した。FIFA年間最優秀選手賞5回、UEFAチャンピオンズリーグ優勝5回。クラブ通算763試合573得点。ポルトガル代表149試合81得点（2018年5月時点）

柔らかい足首
足首をきっちりと伸ばし切れるのも特徴。これによりボールを浮かさず低く強いシュートを蹴ることができる
7

強い足指によるつま先着地がパフォーマンスの源《みなもと》

クリスティアーノ・ロナウドは、人体の構造に沿って、体の機能を最大限に発揮する足の使い方ができている代表的な選手です。

テレビでロナウドのプレーを見るとき、ぜひとも、つま先と足首に注目してください。彼が特徴的なのは、足首を真っ直ぐに伸ばし、足の指を下に向けた形で歩いたり、跳《と》んだりできるほど足指が強いことです。実際にドリブルや切り返しの中で、バレエダンサーのように足指を下にしたつま先立ちのステップを駆使《くし》し、ときには、つま先立ちの足を軸足として片足ジャンプを見せることもあります。そして、通常のドリブルやステップでも、足指から着地することが徹底されています。

実は、かかとや拇指丘《ぼしきゅう》からの着地ではなく、そうやって足指からの着地を徹底していることが、足、ひざ、腰への負担軽減になるのです。1回の影響はわずかだとしても、サッカーは1試合で1万数千歩走る競技。1万回以上の着地の負担の累積《るいせき》が試合終盤の疲労や筋肉の張りに影響し、そしてシーズンを通してのケガのしやす

拇指丘着地、かかと着地は足への負担が大きい

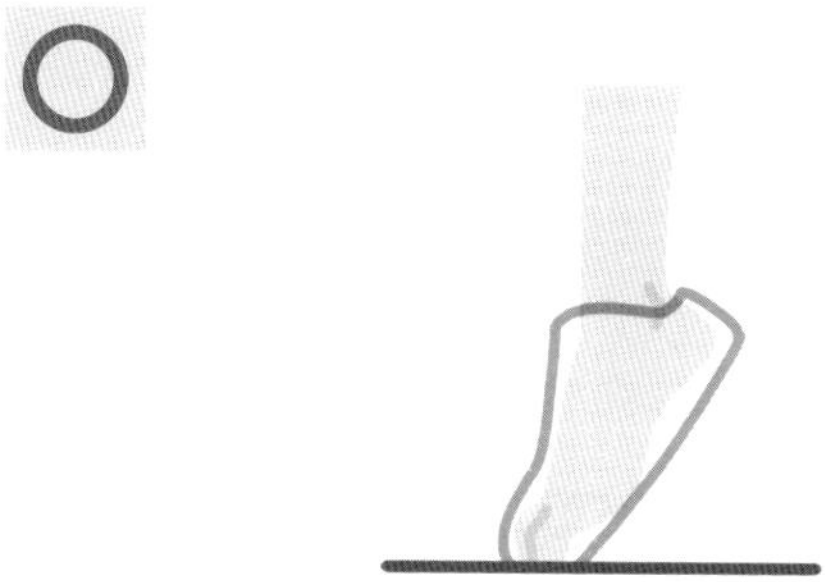

足指着地

拇指丘着地

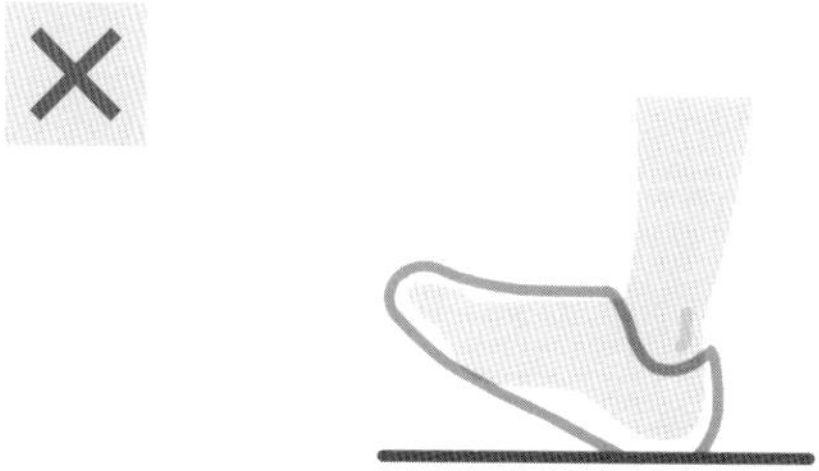

かかと着地

さにも関係してきます。

ロナウドが最後の90分まで足をつったり痛めることなく走り続けることができるのは、そうやって足指からの着地ができているからです。そして、この10数年間、大きなケガがなくほぼ全試合に出場して活躍し続けている大きな要因《よういん》も、そこにあります。

また、足首を限界まできっちり伸ばさないと、バレエダンサーのような足指を下に向けたつま先立ちはできません。ロナウドの場合、この足首の可動域《かどういき》の広さにより、シュートを浮かすことなく鋭く強いボールを蹴《け》ることができるのです。

足首を伸ばせると低いシュートが打てる

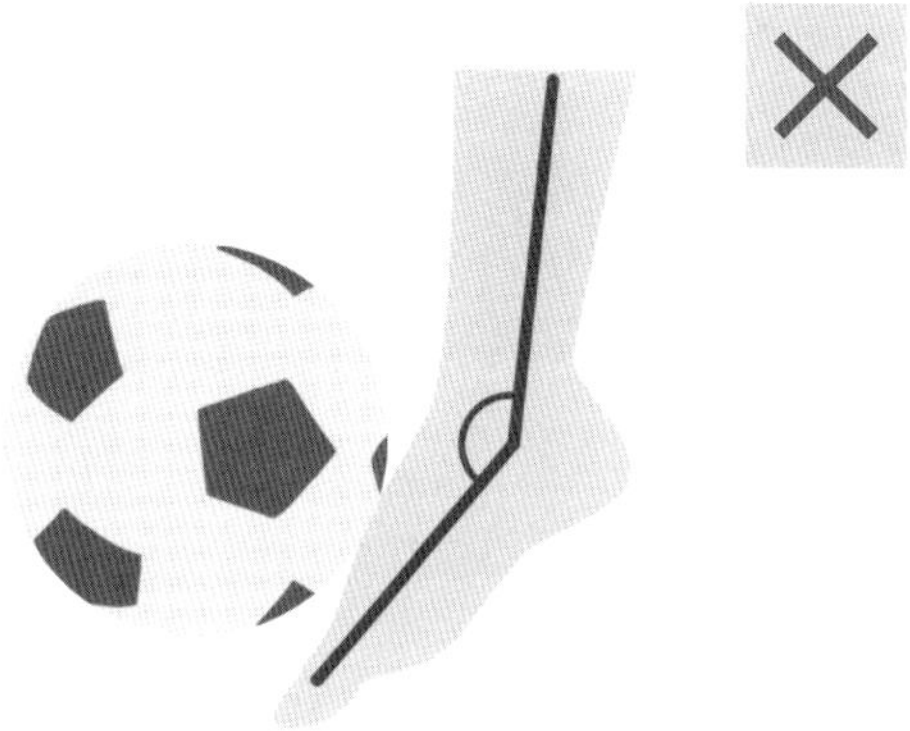

ウサイン・ボルト

Usain Bolt

陸上競技

元・ジャマイカ代表

効率よく負担の少ない骨盤幅の走り

骨盤幅《こつばんはば》の足の運び

右足の足跡を結ぶラインと、左足の足跡のラインの幅が、骨盤の幅を保つように走っている。これが効率よく、足、ひざ、腰への負担の少ない走り方

ウサイン・ボルト

1986年8月21日生まれ、ジャマイカ出身。身長196cm／体重94kg。100mで9秒58の世界記録を打ち立てた人類史上最速スプリンター。15歳で世界ジュニア選手権優勝を果たすなど将来を嘱望される。若い頃は故障が多かったがトレーニングで改善。2008年に100mで世界新を記録して注目されると、2008年北京、2012年ロンドン、2016年リオデジャネイロと五輪3大会連続で100m・200mの2冠を達成し、世界的なスターとなった

JAMAICA
BOLT
つま先着地で地面を蹴る
硬いプレートの入ったスパイクを活かし、拇指丘から着地するのではなく、足の指から着地して地面を蹴っている

スタートの踏《ふ》み出《だ》しと骨盤幅《こつばんはば》の走りがダイレクトにパワーを生み出す

誰もが知っている最速スプリンター、ウサイン・ボルト。陸上100mと200mの世界記録を打ち立てたことだけでなく、彼が2008年北京オリンピックから2016年リオデジャネイロ・オリンピックまで、3大会・8年以上の長期にわたって短距離金メダルを独占し、世界のトップに君臨《くんりん》し続けたことも忘れてはいけません。彼もまた、人体を最も効率よく使うことを実践してきたアスリートなのです。

みなさんに注目してほしいのは、彼が『どこに足を着《つ》いていたか』です。

ボルトの走り方をよく見ていると、スタートから2~3歩は体の幅よりも外側に足を着いています。これにより、とても大きな力のかかるスタート時に、足やひざ、腰に余計《よけい》な負担がかからないようにしています。

そして、スタートから加速体制に移るとともに、両足の間隔《かんかく》は骨盤の幅となり、そのままゴールまで、右足と左足が骨盤幅を保《たも》ったまま走って行きます。

この、静止から走り始める第1歩目をどこに着くかということと、走っていると

ボルトが足を着く位置

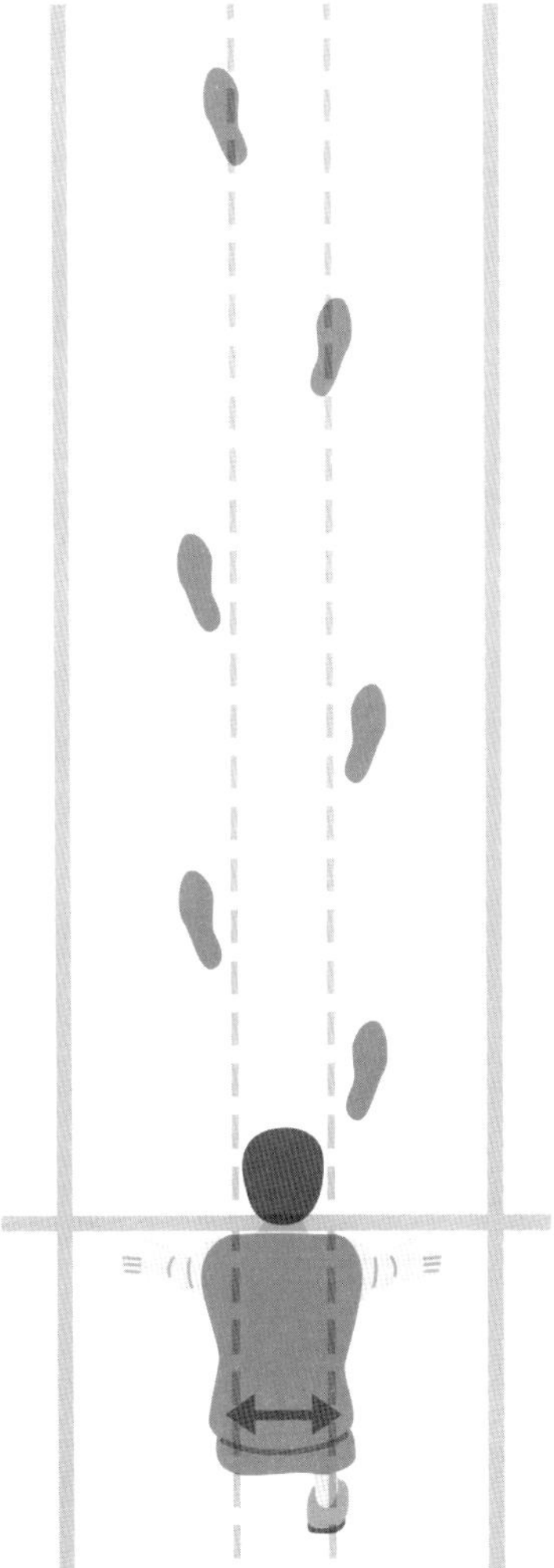

スタートから2〜3歩は足を体の幅よりも外側に踏み出す。その後は両足が骨盤の幅を保ったまま走って行く

きの両足の幅は、とても重要なのです。よくないのは、体の真正面、前傾《ぜんけい》した頭の真下にスタートの第1歩を踏み出すこと。そして、そのまま両足の足跡が一本の線になるような走り方です。足に負担がかかり、ケガの原因となります。

さすがに陸上競技のトップ選手でそんな走り方をする選手は見かけなくなりましたが、サッカーや野球など他の競技では足跡が一本線になる走り方で全力疾走《ぜんりょくしっそう》している選手は珍しくありません。そして、そんな選手は大抵、ひざや腰にケガを抱《かか》えることになります。

また、ボルトの足元に注目すると、彼もまた足指の力を最大限に使っていることがわかります。特にスタート直後は、足の親指の先から接地《せっち》させ、スパイク底面の硬さ（剛性《ごうせい》）を前進へのバネに変えています。

そして、上半身にもポイントがあります。ボルトは走るとき腕をそれほど大きく振らないのです。後方には大きく腕を引き上げますが、上腕（ひじから上）は体の横で止め、そこから先は前腕《ぜんわん》（ひじから先）だけを振っています。実は、腕の振りすぎはエネルギーの無駄遣《むだづか》いになることもあり、この腕の振り方が短距離には最適なのです。

ボルトは腕を必要以上に振らない

上腕（ひじより上）は体の真横で止め、前に振るのは前腕（ひじから下）だけ。これが短距離走に最適な腕の振り方

馬 龍

Ma Long

卓球

中国代表

世界王者を支える
抜群のステップ

馬龍（ばりゅう）
1988年10月20日生まれ、中国出身。
身長176cm／体重70kg。豊富なサーブと力強いフォアハンドを武器とし、2015年、2017年の世界選手権シングルスを制覇。2016年リオデジャネイロ五輪ではシングルスと団体の両方で金メダルを獲得し、さらにワールドカップでも頂点に立つなど国際タイトルを席巻している最強王者

反応力の秘密は足にあり

力強いフォアハンドが注目される馬龍だが、それを支えているのは素早いステップ。日本人とは異なるつま先の向きに注目だ

素早い反応力を生み出す「逆ハの字」のステップ

近年、日本国内でもますます盛り上がりを見せている卓球。急成長で世界へ挑《いど》む日本勢の行く手に立ちふさがっているのが、世界王者の中国です。なかでも、リオデジャネイロ・オリンピックでシングルス金メダルに輝いた馬龍《ばりゅう》は、世界最強と言える存在でしょう。

パワーあふれるフォアハンドが注目される馬龍なのですが、その強打を実現しているのは、素早いステップワークです。そして、注目してほしいのは、足先の向きです。彼の足先はつねに外側を向き、試合中、「逆ハの字」の形でサイドステップしています。

卓球に限らず、サイドステップというと両足を平行にして横っ飛びする人が多いのですが、それは移動速度も遅く、疲労《ひろう》もたまるステップです。相手がどこに打ってくるかわからないラリー競技では、足先を外に向けた逆ハの字の形の方が適《てき》しています。右にステップしてボールを打った後、今度は左に動かなければならないこ

つねにつま先が外がを向いている

馬龍の特徴は、つま先が外を向いた「逆ハの字」の形で構《かま》え、できるだけそれを崩《くず》さずステップすること。抜群《ばつぐん》の反応力は、この足が生み出す

ともありますし、もう一度右に踏み込まなければならないこともあります。相手がネット際《ぎわ》にボールを落とし、大きく前へ飛びつく場面もあるでしょう。そんな状況すべてに反応するための形が逆ハの字なのです。素早く動き続けることができ、足・ひざ・筋肉への負担が減るため試合中の持久力にも効《き》いてきます。そして長期的にはケガも少なくなります。

もう少し詳しい言葉を使うと、足を回外させた状態を基本位置としてボールを待っていることがよいのです。回外とは、脚の軸を小指側に回転（回旋）させる動きのことで、立っている状態ならばつま先が外側に向きます。馬龍もドライブなど強打を打つときには、右脚が回転して回内の動きをするのですが、打ち終わるとすぐまた回外の基本位置に戻って次に備える――。この回外→回内→回外の動きがいつでも素早くできていることが、迅速《じんそく》な反応へとつながっているのです。

馬龍以外にも女子の世界王者の丁寧《ていねい》など、中国選手の大半は、この逆ハの字でステップしています。国際大会を見るときは、ぜひ足先の向きにも注目してみてください。

回外ー回内ー回外の連続がポイント

足を回外させた構えから、フォアハンドを打つときは右脚が回内の動きをするが、打ち終わると素早く回外に戻す。これで次の打球に備えられる

リー・チョンウェイ

Lee Chong Wei
バドミントン
マレーシア代表

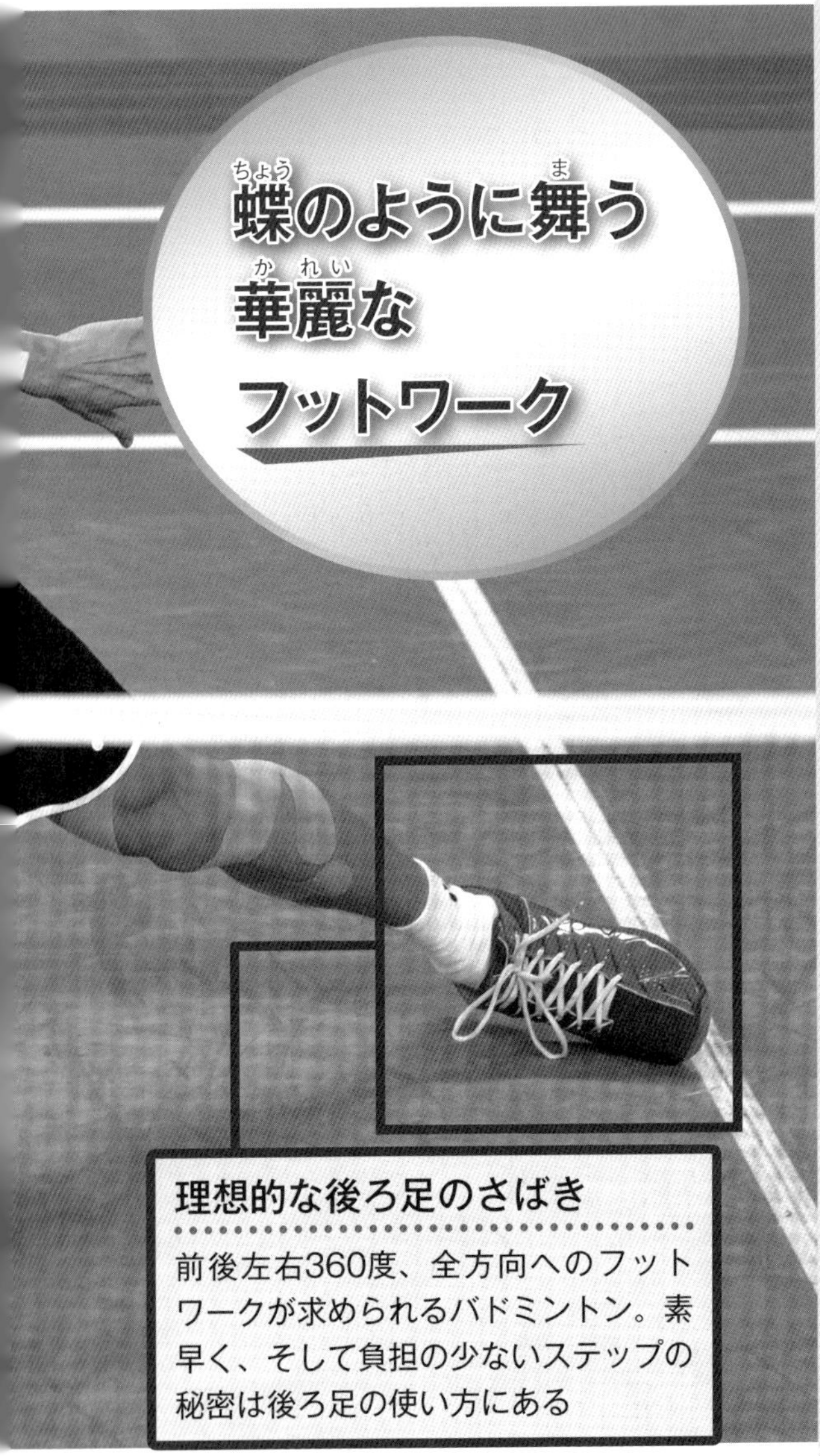

蝶《ちょう》のように舞《ま》う華麗《かれい》なフットワーク

理想的な後ろ足のさばき

前後左右360度、全方向へのフットワークが求められるバドミントン。素早く、そして負担の少ないステップの秘密は後ろ足の使い方にある

リー・チョンウェイ
1982年10月21日生まれ、マレーシア出身。身長174cm／体重60kg。世界バドミントン連盟主催のスーパーシリーズで通算46回優勝の最多記録を誇る。世界ランキングでも長期間1位に君臨し、つねに安定した強さを発揮してきたが、五輪の頂点には縁がなく、北京、ロンドン、リオデジャネイロと3連続銀メダル。2016年には33歳にして再び世界ランキング1位に返り咲き、18年コモンウェルス杯優勝など、ベテランになってなお輝き続けている

初動は後ろ足から足先を直角方向へ向ける

初速400km／hを超えるシャトルに反応し、打ち返すため前後左右全方向へのフットワークが命となるバドミントン。スタミナも必要で足やひざへの負担も大きい競技ですが、30歳をすぎたベテランになってなお世界ランキング1位を獲得《かくとく》するなど、世界のトップで輝き続けているのがリー・チョンウェイ。軽やかで疲《つか》れを知らない彼のフットワークは、基本に忠実で、誰にとってもお手本といえる存在だと言われています。

注目してほしいポイントは、踏み込むときの後ろ足です。リー・チョンウェイは右利きですから、自分より前のシャトルをアンダーハンドストロークで打つときには、右足を大きく前に踏み込みます。このときよく見ていると、必ず初動は左足からステップしているのです。そして、進みたい方向とは直角方向に左足先を向けて軸足とし、右足を大きく踏み出します。体重が右足に移ったときには、左足首は返って親指が地面に着いた形となっています。

このステップは、決して頭が右足よりも前に出ることがなく、打ち終わった後、すぐに体勢を立て直して全方向への反応ができます。ラリー競技というのは、色々な打球を使って相手の体勢を崩《くず》すゲームですから、必要以上に大きな体重移動は厳《げん》禁《きん》なのです。

また、踏み込んだときに頭がひざよりも前に出るような打ち方をしていると、ひざに大きな負担がかかります。競技生活の中でそれが蓄積《ちくせき》し、不調や引退の原因になっていくのです。リー・チョンウェイが長く安定して活躍できているのは、体の負担が少なく、かつ反応力も高い、正しいステップを身につけているからに違いありません。

右足で踏み込むときも、初動は左足から。左足先を外側に向けながら軸足とし、右足を大きく踏み込む。打ち終わると左足首が返って親指が下側になる

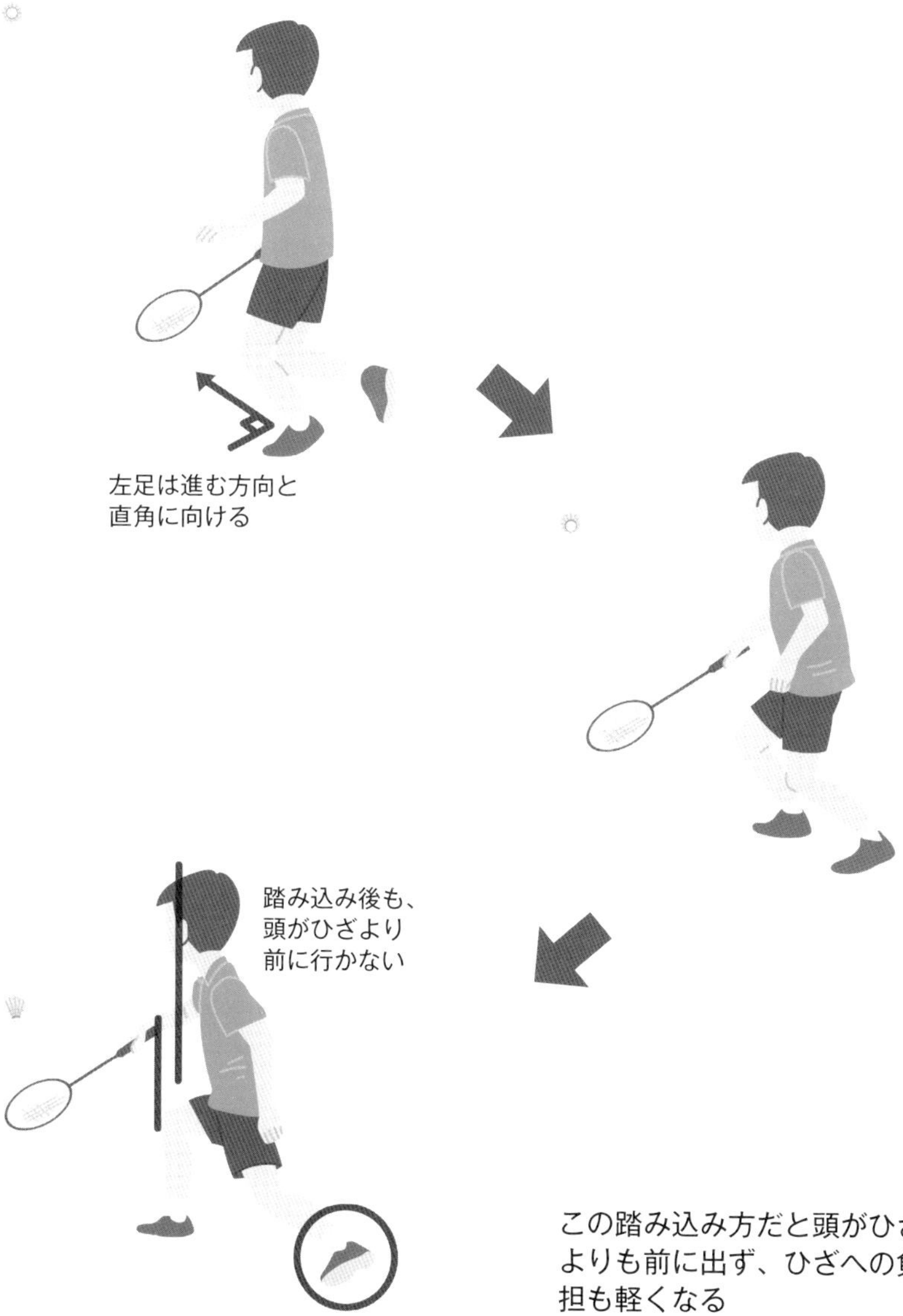
左足は進む方向と
直角に向ける
踏み込み後も、
頭がひざより
前に行かない

この踏み込み方だと頭がひざよりも前に出ず、ひざへの負担も軽くなる

フェンシング日本代表

Fencing Japan national team

フェンシング・フルーレ

日本

後ろ足始動で五輪銀メダル

前に進むとき、前足から踏み出さない

日本代表チームが見せたロンドン・オリンピック銀メダルという大躍進は、ウクライナ人コーチが授けた「後ろ足始動」の動作に秘密があった

フェンシング男子日本代表

国内協会発足は1936年。五輪には1960年ローマ大会で初出場。64年東京大会ではフルーレ団体で4位に食い込むが、その後、世界との距離は開く一方だった。2000年代に入ると強化が実り、08年北京五輪で太田雄貴がフルーレ個人銀メダルを獲得。そして12年ロンドン五輪ではフルーレ団体（太田、千田健太、三宅諒、淡路卓）で銀メダルに輝いた

FUJINO
JPN

「接近戦に活路《かつろ》を見出せ」マツェイチュク・コーチの戦略

2012年ロンドン・オリンピック、フルーレ団体で銀メダル獲得という活躍を見せたフェンシング日本代表。太田雄貴《おおたゆうき》（2008年北京オリンピック銀メダル）という強力な核が存在したことも大きかったのですが、一貫した哲学のもと、2003年から代表チームを強化してきたウクライナ人のオレグ・マツェイチュク・コーチの指導が躍進《やくしん》を生みました。

マツェイチュク氏が代表チームに授けた教えのひとつに、「後ろ足からの始動」があります。

フェンシングは、基本的に前か後ろの一直線のなかを動く競技。右手に剣を持つ場合は、右足を前に出した半身の状態が基本姿勢となります。さて、そこから前進しようと思えば、まず前に置いている右足を踏み出し、次に後ろ側の左足がついてくるというのが普通の感覚でしょう。

ところが、マツェイチュク氏は遠い方の左足から踏み出せというのです。実は、その方が右足を踏み込んだ後、重心（頭）の動きが少なく、素早く次の動きに移れるのです。フェンシングは格闘技のひとつですが、対戦相手に直接触れないため、球技のラリー競技と共通点があります。お互い、いろいろな手を繰り出しながら相手の重心を崩し、崩れたところを見抜いて得点を挙げるのです。

マツェイチュク氏は、身長や手足の長さでは及ばない欧米選手に対して日本人が対抗できる方法を探し、接近戦に活路を見出しました。そこで、より機敏《きびん》に動けるステップとして選択したのが、後ろ足からの始動だったのです。

次の動きに機敏に反応することができる

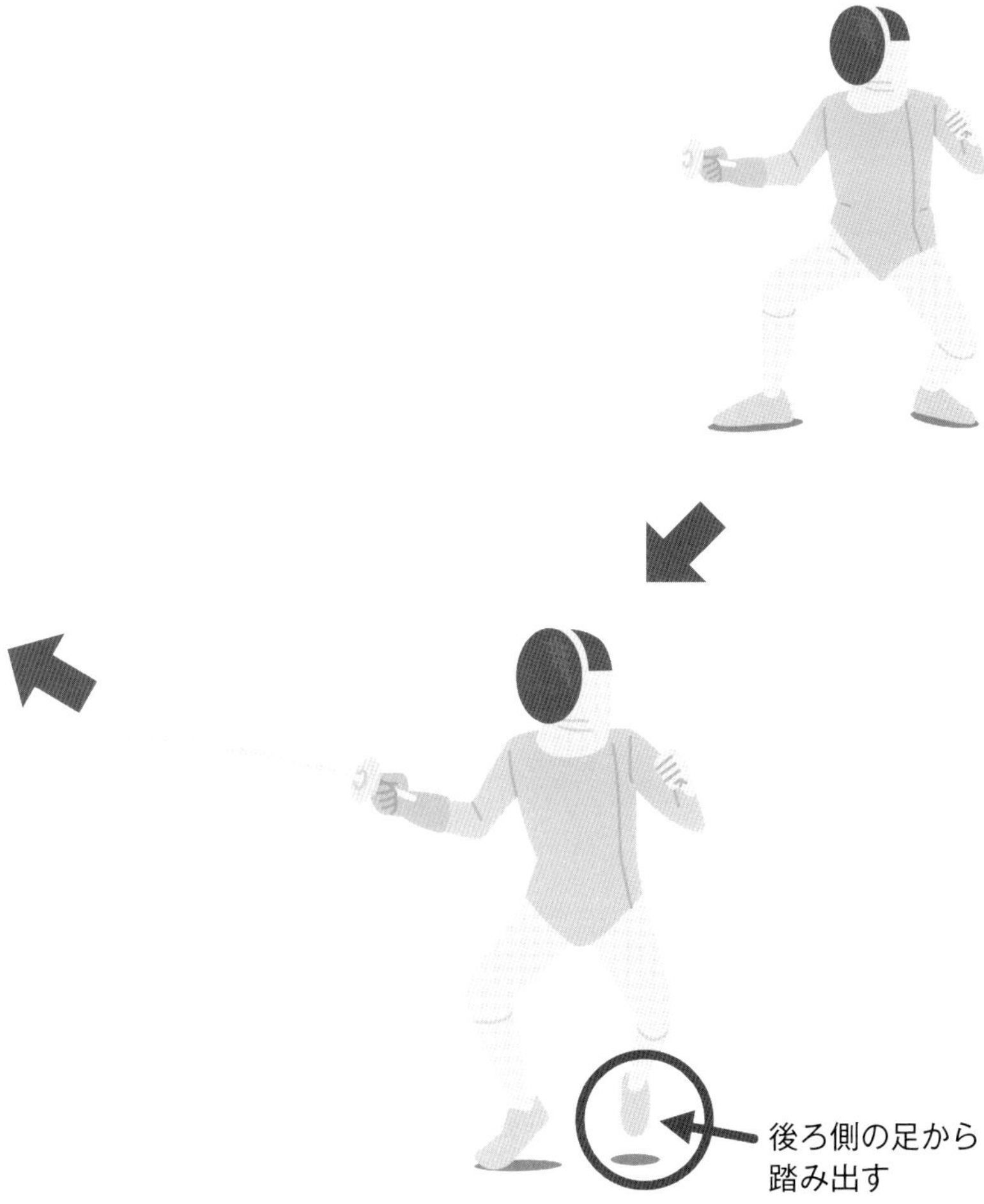

後ろ足から始動すると、

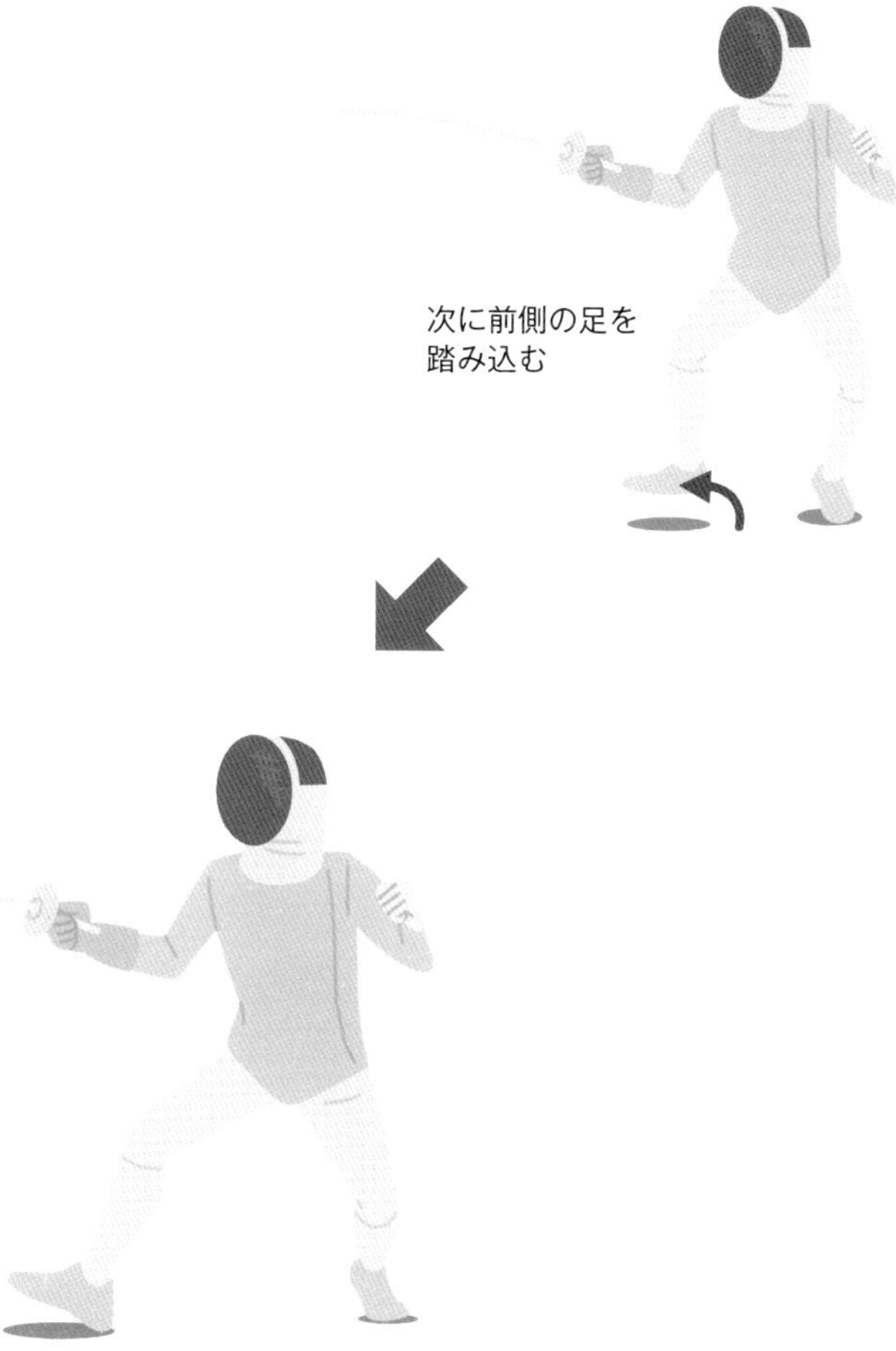

鈴木尚広

Takahiro Suzuki
野球
元・巨人

短距離ダッシュに最適な足の使い方

勝負所で代走として起用され、その快足でチームに大きく貢献した『走りのスペシャリスト』鈴木尚広。

鈴木尚広《たかひろ》
1978年4月27日生まれ、福島県出身。プロ野球歴代最高レベルの盗塁成功率を誇った走りのスペシャリスト。高校時代は無名ながら1996年ドラフト4位で巨人入団。通算盗塁数は巨人歴代3位の228。なかでも代走での盗塁数通算132の日本記録を持つ。16年現役引退

鈴木尚広のスタート

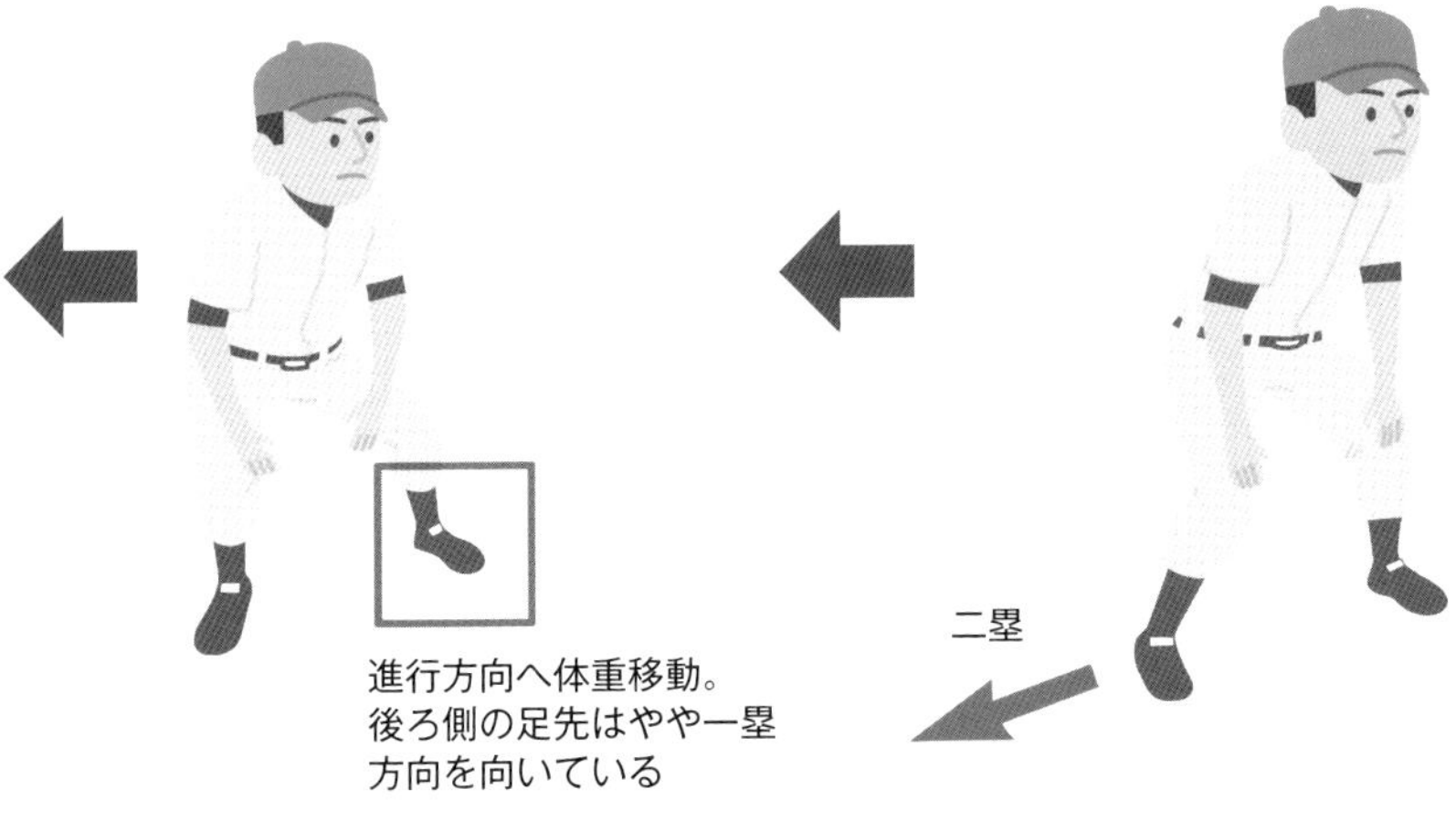
二塁
進行方向へ体重移動。
後ろ側の足先はやや一塁
方向を向いている

進行方向と逆に向けた後ろ足で蹴り出す

彼は若い頃にケガが多く、さまざまな研究の末に走塁・盗塁の技術、そして体の使い方を身につけたといいます。その結果、38歳まで球界トップレベルのスピードを維持し活躍できたのです。

彼の走塁の特徴は、スタートを切るときの左足（後ろ足）の向き。スタート動作に入って体を二塁方向へ向けても、左足先は後ろに向けたまま。その左足で地面を蹴り、加速していきます。

実は、これが10数mまでの短距離を最も速く移動できる足の使い方のひとつなのです。さらに、脚に負担のかかるスタート時も上体が前傾せず、頭が足より前へ出ないため、ケガも少ない走り方です。

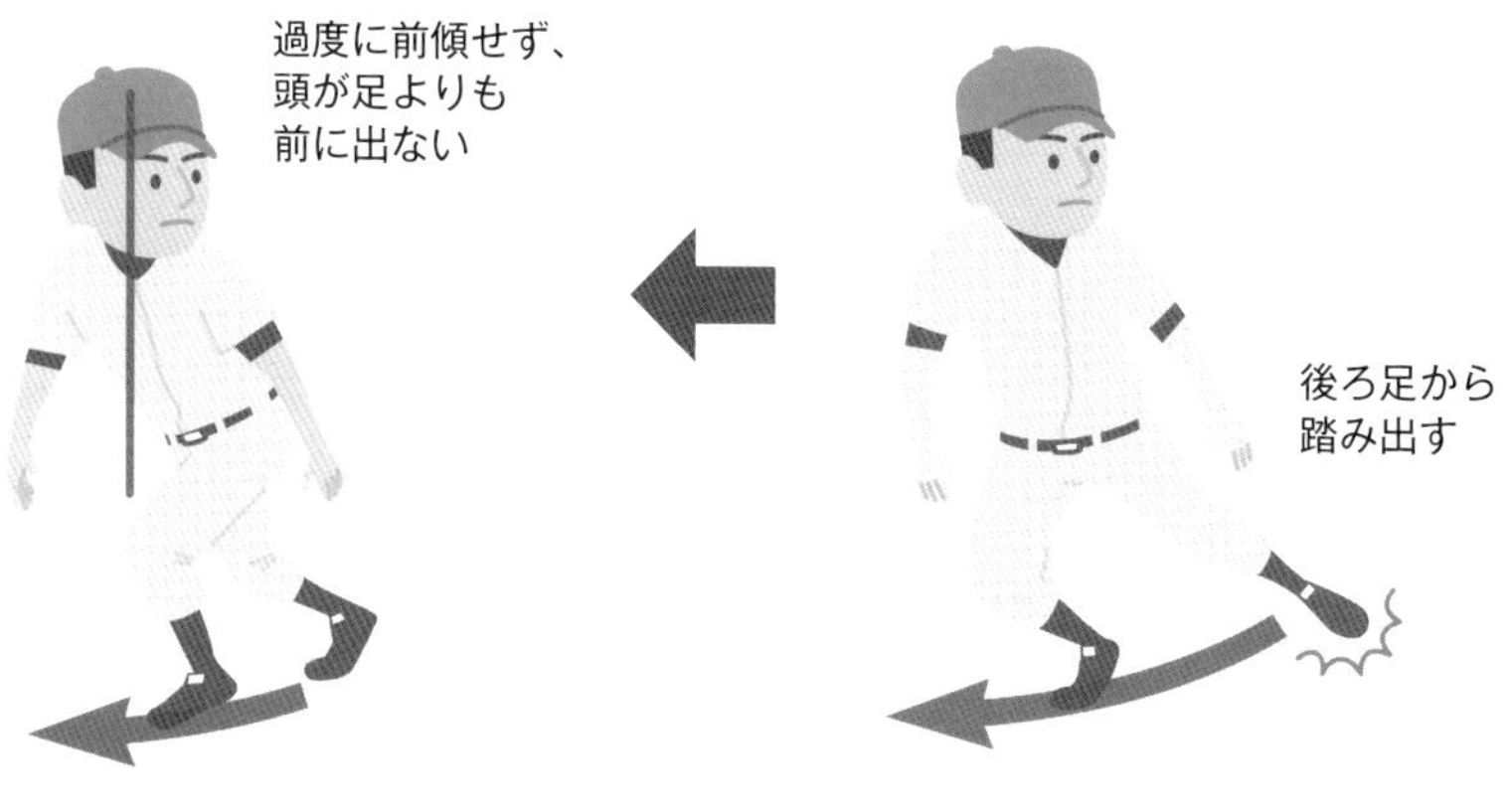
過度に前傾せず、
頭が足よりも
前に出ない
後ろ足から
踏み出す

イチロー

Ichiro Suzuki
野球
マリナーズ

陸上スプリンターにも通ずる足と体の使い方

40歳をすぎても走攻守三拍子《さんびょうし》揃《そろ》ったプレーヤーとしてメジャーで活躍したイチロー。
彼も、独自に人間の体の動きを研究・実践し、長い

イチロー
1973年10月22日生まれ、愛知県出身。愛工大電高からドラフト4位でオリックス入り。7年連続首位打者など走攻守揃った活躍で日本を代表する野手となる。2001年にメジャーへ移ると、こちらでも首位打者2回、盗塁王1回と大活躍。メジャーで最も成功した日本人野手となった

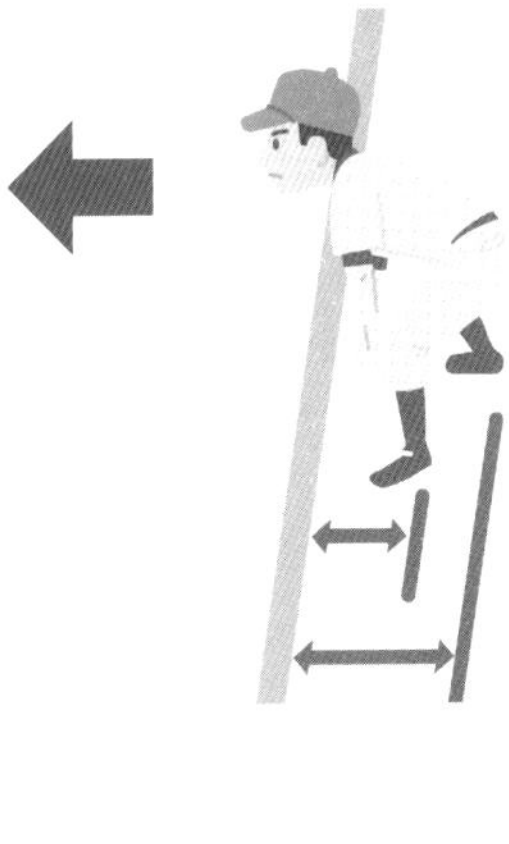

左足は塁間のラインより少し後方。右足はさらに足１つ分下げている

スタート時の理想的な足の幅

間、ケガなく高いパフォーマンスを発揮してきました。

イチローの走塁スタートは、足の幅を意識したもの。左足は塁間《るいかん》のラインよりも少し下がった位置に置き、右足はさらに一足分ほど下げたところに置いてリードを取ります。そしてスタートを切ったら、踏み出した左足の一歩目を塁間ライン上に着きます。きちんと右足と左足の幅を取り、決して体の真下に足を着かないようにしています。

これは、走りの専門家である陸上のスタートと同じなのです。ウサイン・ボルトも最初の2〜3歩は体の幅よりも外側に足を着き、やがて両足は骨盤幅を保ちながら走って行きます。野球の塁間は27・431mですから、鈴木尚広のように短距離ダッシュに向いた走り方とイチローのように数10m以上スプリントするのに適したスタートと、両方のやり方が存在するというわけです。

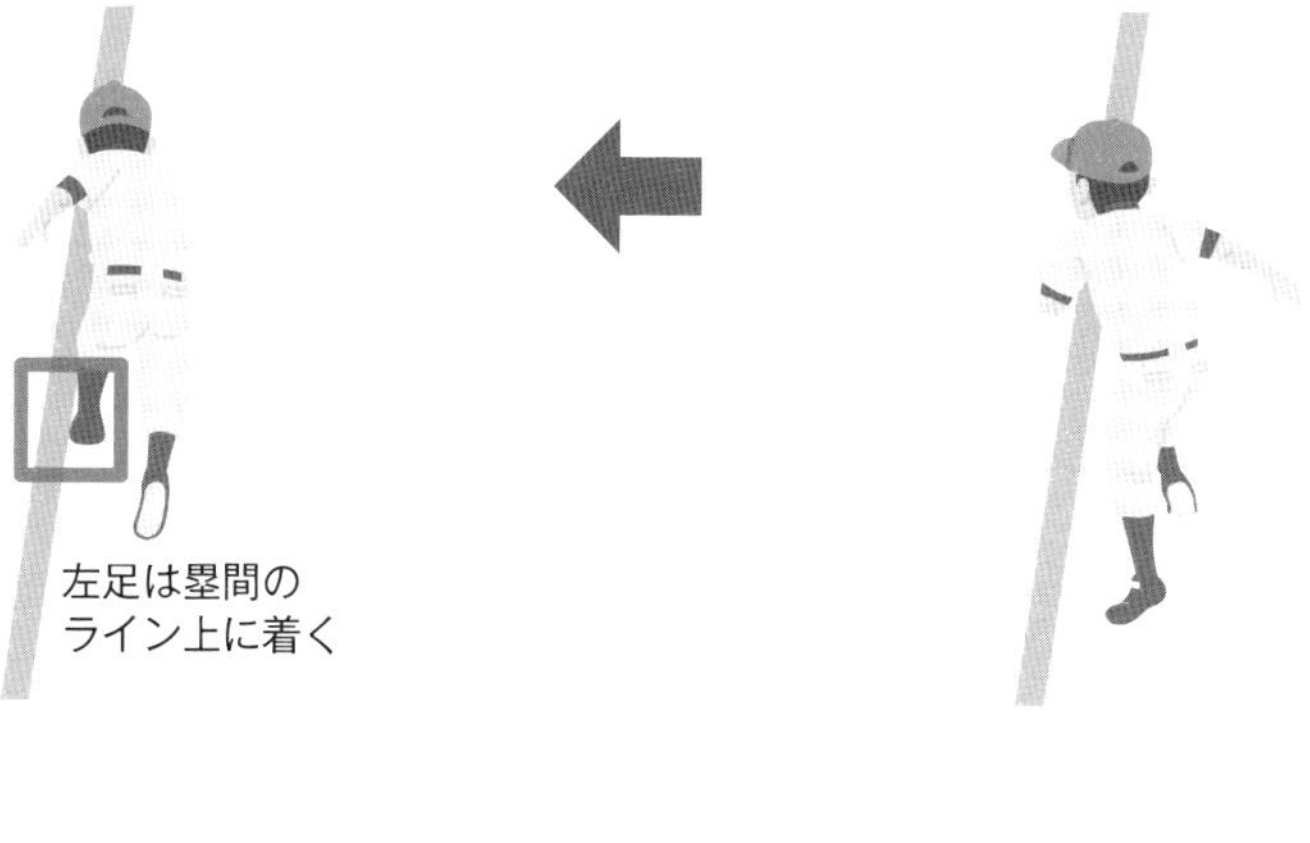

パトリック・マカウ

Patrick Makau
マラソン
ケニア

パトリック・マカウ
1985年3月2日生まれ、ケニア出身。同国東部の貧しい地域に育ち、高校で本格的に陸上を始める。初マラソンの2009年ロッテルダム・マラソンで4位に入って注目され、翌年の同大会で国際大会初優勝。11年のベルリン・マラソンで2時間3分38秒の世界新記録(当時)を出して優勝を飾った。12年のロンドン五輪でもメダル候補と期待されていたが、予選レースで調整に失敗し代表入りを逃す。14・15年、福岡マラソン優勝

脚に優しい走り方がエネルギー消費も抑える

マカウは、2011年のベルリン・マラソンで2時間3分38秒という走りを見せ、長距離の帝王ハイレ・ゲブレシラシエ(エチオピア)の持っていた世界記録を約4年ぶりに更新

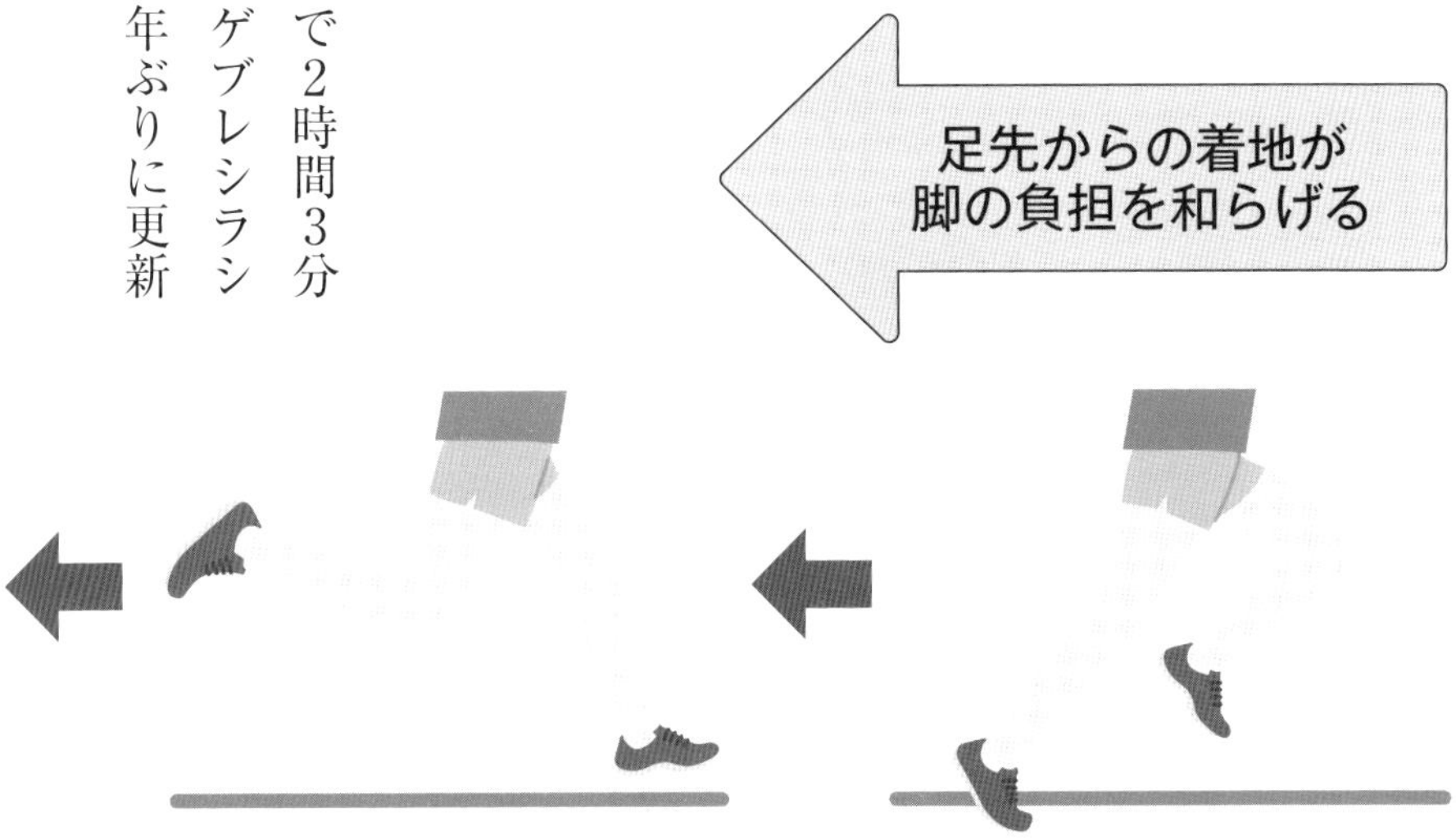

つま先着地で世界新を樹立

して一躍《いちやく》注目を浴《あ》びたランナーです。

彼の走り方の特徴は、着地にあります。走っていて前方に足を持って来ると、そのままの勢いでかかと付近から着地するフォームのランナーも少なくないなか、マカウは前方に足を運ぶとソフトに足指から着地して走っていました。

足指で着地することによって、着地の衝撃が吸収でき、脚への負担が小さくなります。これはもちろん長期的なケガ防止にも効果があるのですが、マラソンの場合、着地1回ごとの衝撃で脚の筋肉が一瞬、緊張して力が入り、それが少しずつ体力を奪っていくのです。

そして、かかと着地など脚に衝撃を受ける走り方を続けていると、その緊張により走ることに関係ない筋肉が太くなり、よけいな負荷にもなります。マカウを筆頭にアフリカ勢のトップランナーは、脚がほっそりとしていて無駄な筋肉が付いていません。それが世界トップのエネルギー効率を誇《ほこ》る走りを生み出すのです。

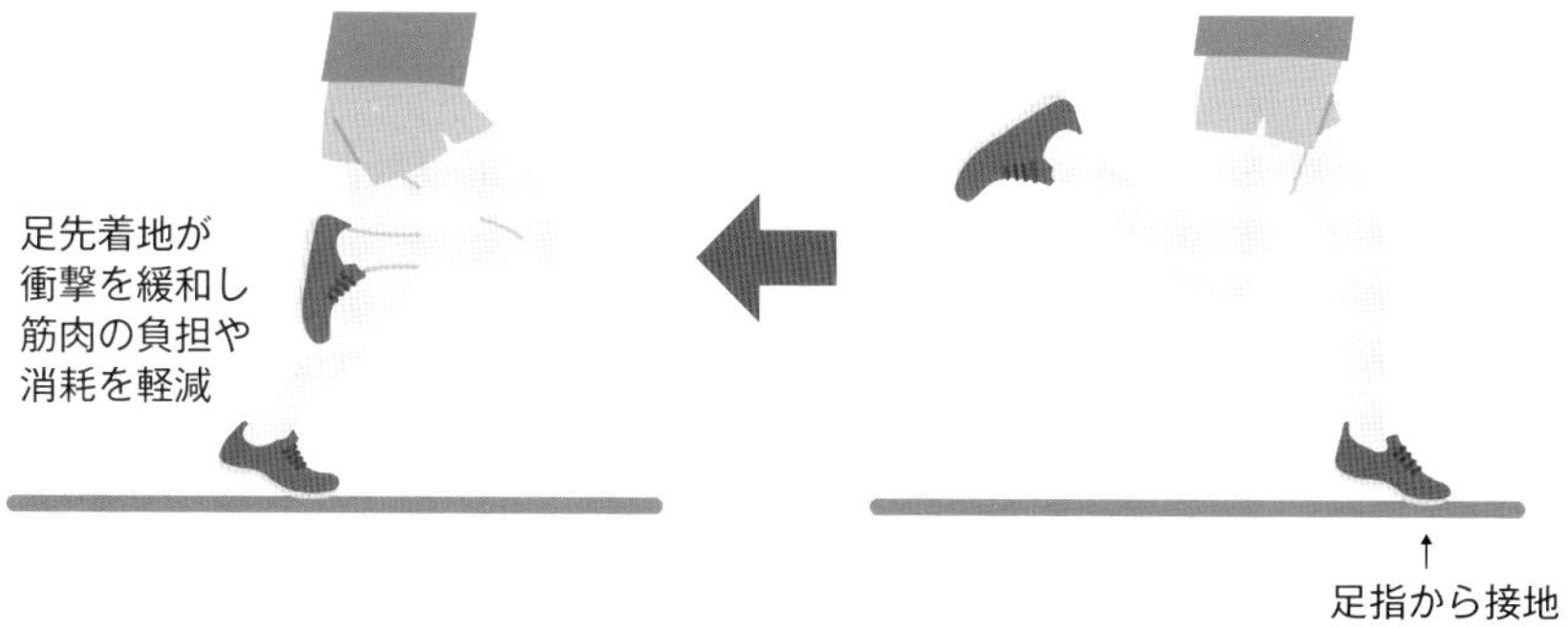
足先着地が
衝撃を緩和し
筋肉の負担や
消耗を軽減
足指から接地

第3章

競技別
一流アスリートになるための
基礎動作

短距離ダッシュ

サッカー　スポーツ全般

短い距離の高速移動は走るのではなく「跳《と》べ」

一流アスリートがいつまでも高パフォーマンスを発揮《はっき》できるのは、人間の体の構造《こうぞう》に沿《そ》った正しい足の使い方ができているからだということを第2章で見てきました。

足を正しく使うことが、スポーツで求められる「速さ」を生み出します。やはり、ほとんどのスポーツにおいて、足はすべての動作の土台であり、基礎なのです。

ここからは、一流アスリートに近づくため、実際のスポーツ別・状況別の足の使い方を紹介していきましょう。

最初に紹介するのは、短距離ダッシュです。

「5mをできるだけ早く走ってください」と言うと、ほとんどの人は陸上競技のようなスタート姿勢から全力で走り出します。サッカーのようなフィールド競技の試合中にも、短い距離をダッシュする場面は多くありますが、たいていの人が陸上のスタンディングスタートのような形から前傾姿勢で走り出します。

　しかし、もっと速く移動する方法があるのです。そ

前傾姿勢ダッシュ

4.6m→1秒1

頭が足より前に出る姿勢は、足腰の負担となり、将来、ケガを招く

れは、走るのではなく「跳ぶ」こと。この跳び方をマスターすると、素早く、脚への負担の少ないダッシュができます。

研究の結果、サッカーの場合は4・6mの距離をできるだけ素早く移動できることが効果的であるとわかってきました。そこで、その距離のタイムを計測す

跳ぶステップ

4.6m→0秒6

頭（重心）が大きく動かないため次動作に備えやすく、足腰の負担も少ない

ると、スタンディングスタートから普通に全力ダッシュした場合、速い選手でも1・1秒以下にはなかなか縮まりません。ところが、正しい形で「跳《と》ぶ」ことを繰り返して4・6mを進んだ場合、0・6秒程度で移動できるのです。

また、移動終了時の体勢も重要です。陸上競技のように前傾姿勢でダッシュをすると、頭が大きく前に出て重心の移動が大きく、スタート時にも、止まってから体勢を立て直すのにも足腰に大きな負担がかかります。1試合の中で何度もダッシュを繰り返すのですから、その負担が蓄積《ちくせき》して疲労となり、試合後半のスタミナにも影響します。また、長期的には、足首、ひざ、腰の故障にもつながってきます。

この「跳ぶ」短距離移動ならば、初動－移動中－停止と頭が足より前に出ることはなく、重心移動が最小限ですみます。大きな力がかかってケガへとつながりやすい初動時にも足への負担が小さくなるのです。

移動できる跳び方

❶ スタートポジション

体は進行方向に対して
横向き
進行方向
軸足の先は進みたい方向から逆に向ける

❷ 跳ぶ

後ろ足は進行方向と
逆向きを保つ

必要な距離まで繰り返す

短距離を速く

❸ 着地

指先から着地

❹ 次動作に備える

この足のまま小股で
１～２歩ステップし、
同じジャンプを繰り
返して進む
引き寄せた
後ろ足は
この形に

サイドステップ

バスケットボール　サッカー
テニス　スポーツ全般

切り返しのステップが大事

サイドステップも、さまざまなスポーツにおける基本的な動作のひとつです。しかし、これも足の使い方によって体への負担、そしてパフォーマンスに大きな差のつく動作なのです。

ただサイドステッ

疲れてくると上半身の体重がすべて外側の足にかかって負担となる

プしなさいと言った場合、多くの人は体力テストの反復横跳びのような形で両足を交互に運び、一番端まで行ったら片足で踏ん張り、また逆方向へ跳んでいくというステップを踏むと思います。ですが、この足の使い方は、切り返すとき

●体全体の動きをストップさせる
●全体重を支える

一般的なサイドステップ

●地面を蹴《け》って逆方向への推進力とする

という3つの仕事を片足一本でやらせています。そのためスピードアップが効《き》かずタイムロスになり、足の負担へとつながるのです。

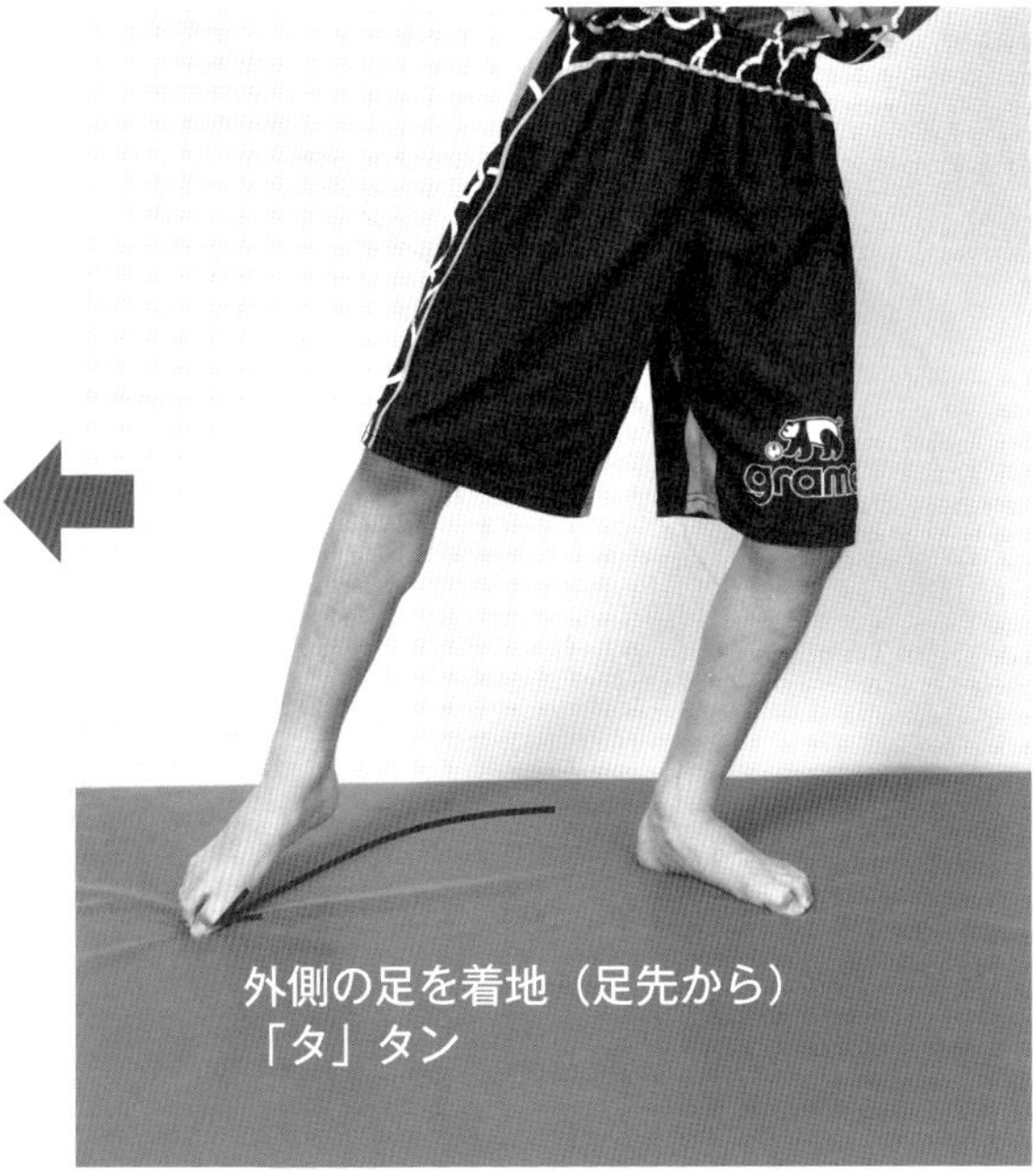
外側の足を着地（足先から）
「タ」タン

また、ステップを繰り返して疲れてくると、上半身が振られて、より体重を外側の足にかけがちになります。体力も消耗しますし、長年続けるとケガを招きやすい体勢でもあります。

サイドステップにおける正しい足の使

「タタン」とステップで負担を回避

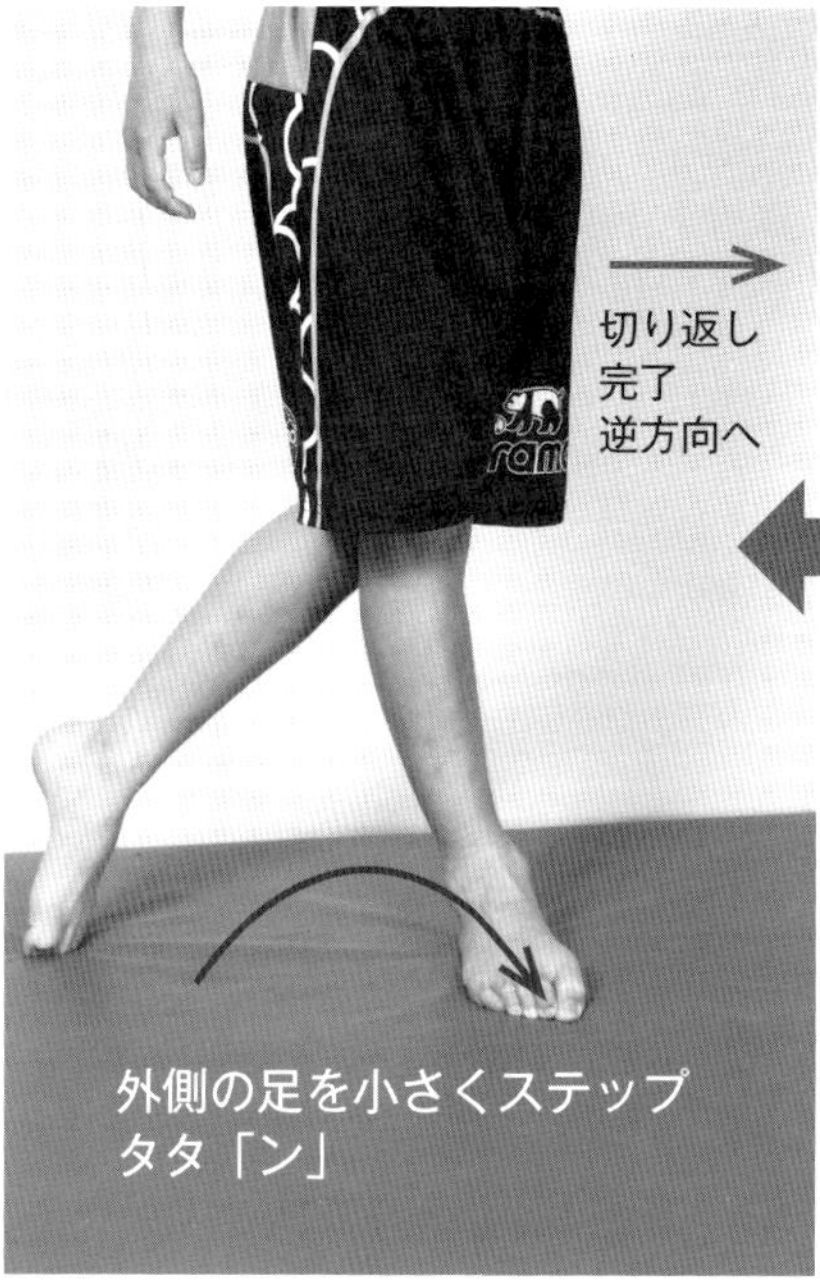
切り返し
完了
逆方向へ
外側の足を小さくステップ
タタ「ン」

内側の足を後ろ側から
クロスさせ着地
タ「タ」ン

い方は、片足に体重をかけてドーンと踏ん張るのではなく、切り替えし際で「タタン」と小さなステップを踏むことです。この足の使い方により、上半身を外側に倒すこともなく、切り返し時の足腰への負担も減らすことができます。

サイドステップ応用・ドリブルの切り返し

サッカー

タタンのリズムで取られないドリブル

サイドステップの応用としては、サッカーのドリブルがあります。横（斜《なな》め）方向にドリブルし、切り返して方向を変えるとき、外側の足を踏ん張り、またその足でボールにタッチしようとする選手がいます。これでは、外側の足1本で、体重を支えて動きを止める、地面を蹴って反対方向への推進力を作る、ボールに触《さわ》るという3つのことをしなければならず、時間がかかります。相手ディフェンダーも、そのタイミングを見計《みはか》らってボールを奪《うば》いに来るでしょう。

そうではなく、切り返したいポイントに来たら、ボールを追い越すように外側の足、内側の足の順で「タタン」と跳《と》びます。すると、上半身の重心が流れず、機敏《きびん》にターンできます。そして、内側の足はすぐボールを触《ふ》れる状態になっていますから、またボールをコントロールしてディフェンダーのチャレンジをかわすことができるのです。

取られやすいドリブル

上半身が流れ、
ターンに時間がかかる
ドリブル

切り返そうと踏ん張る

踏ん張った足でタッチすると
時間がかかって取られやすい

取られにくいドリブル

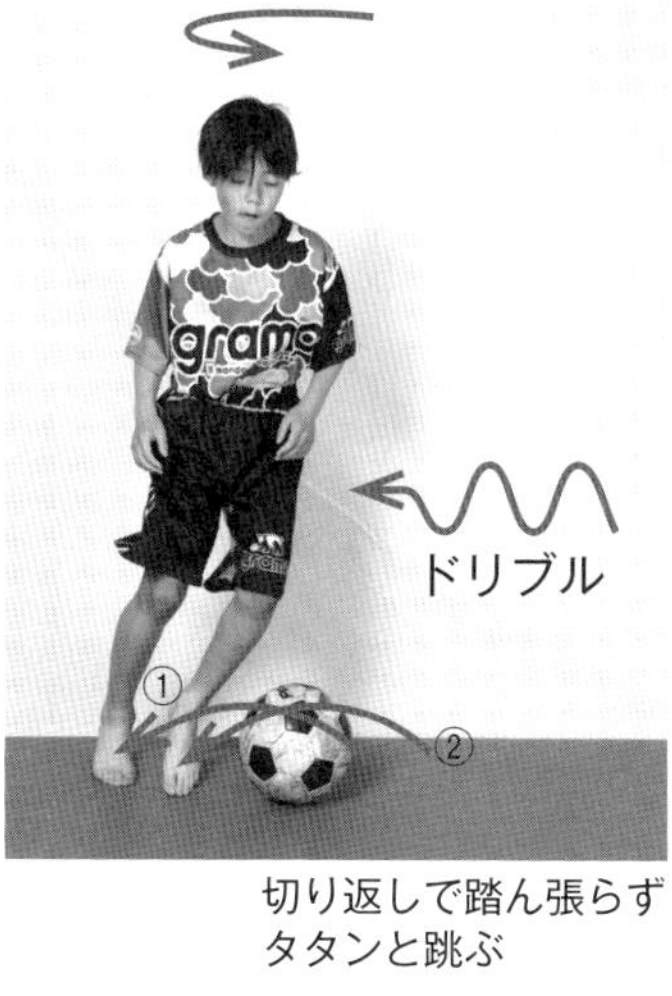
ドリブル
①
②

切り返しで踏ん張らず
タタンと跳ぶ

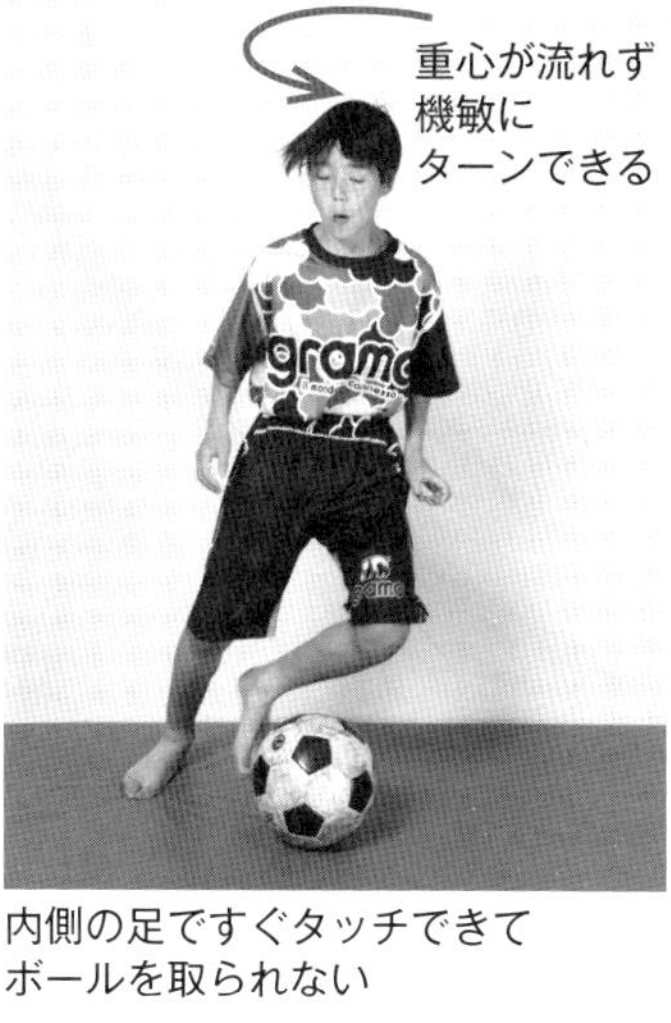
重心が流れず
機敏に
ターンできる

内側の足ですぐタッチできて
ボールを取られない

飛びつく

テニス　バドミントン　スポーツ全般

遠い足から始動するクセをつける

スポーツの中に、ラリー系競技というものがあります。テニス、卓球、バドミントンなど、おもにネットなどを挟《はさ》んで対戦相手と向かい合い、ボール等（以下、ボールで統一します）を打ち返し合う競技のことです。

このラリー系競技は、相手の打ち返せないところ、打ち返しにくいところへボールを送ることがひとつの目的です。逆に、受ける側にしてみれば、少し後方に位置取りし、前、斜め、横に来たボールに飛びつくような動きが基本的な動作になります。

大事なのは、一回打ち返したらそれで終わりではないことです。飛びついて返したボールがうまく相手の打ち返せないところに行けばいいのですが、必ずしもそうはいきません。再び返ってきたボールに反応しなくてはならないのです。飛びついて打ち終わったら、次の移動への準備ができていることが理想です。

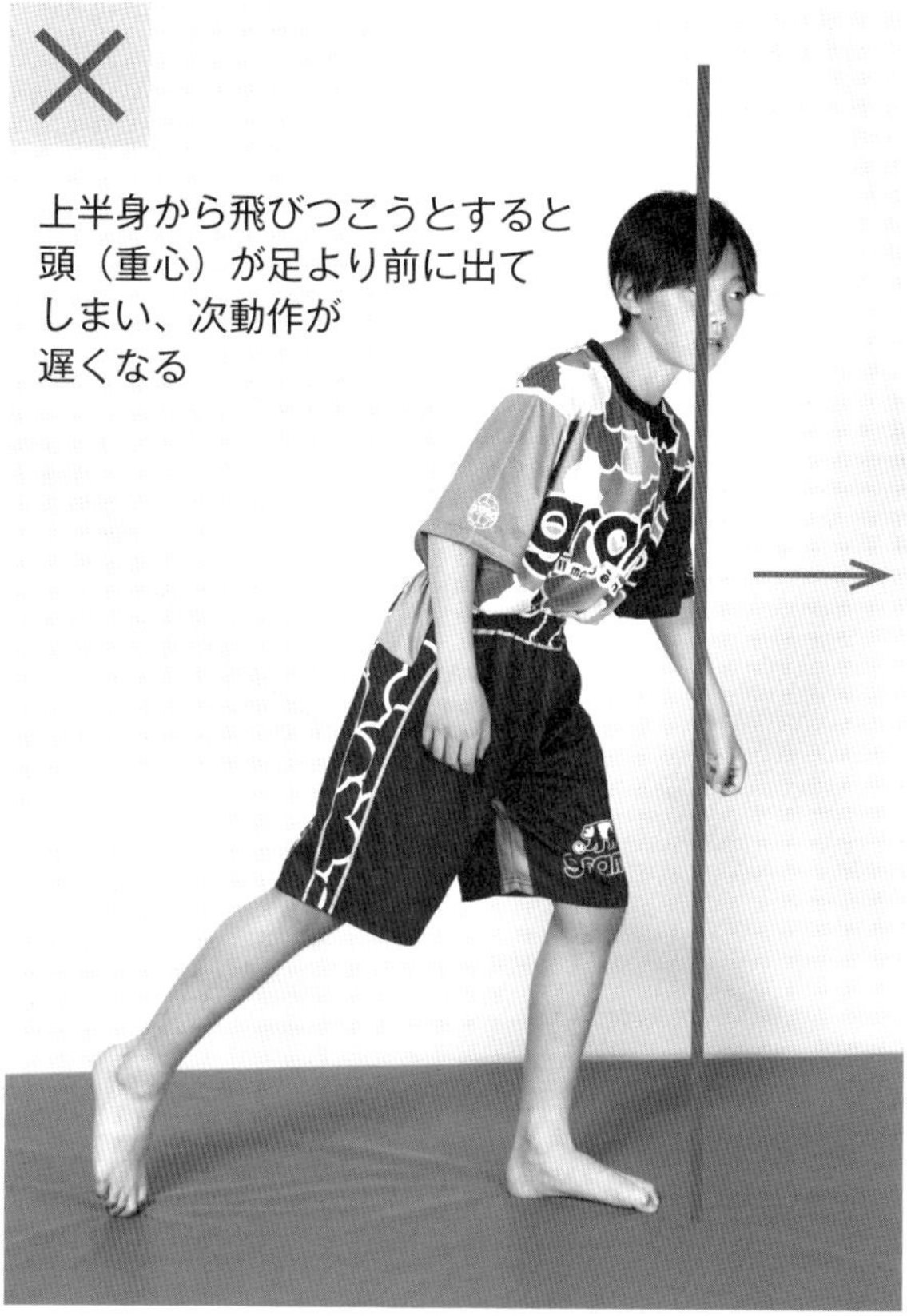
×
上半身から飛びつこうとすると
頭（重心）が足より前に出て
しまい、次動作が
遅くなる

例えば、「ボールを左右にランダムに投げるから捕ってください」といって、一歩踏み出さなければ届かない位置にボールを投げます。すると、ほとんどの人が上半身を倒して手を伸ばし、片足を一歩前へ踏み出してキャッチしようとします。球技の試合でもこれと全く同じように、踏み出してボールを処理する選手が多くいます。

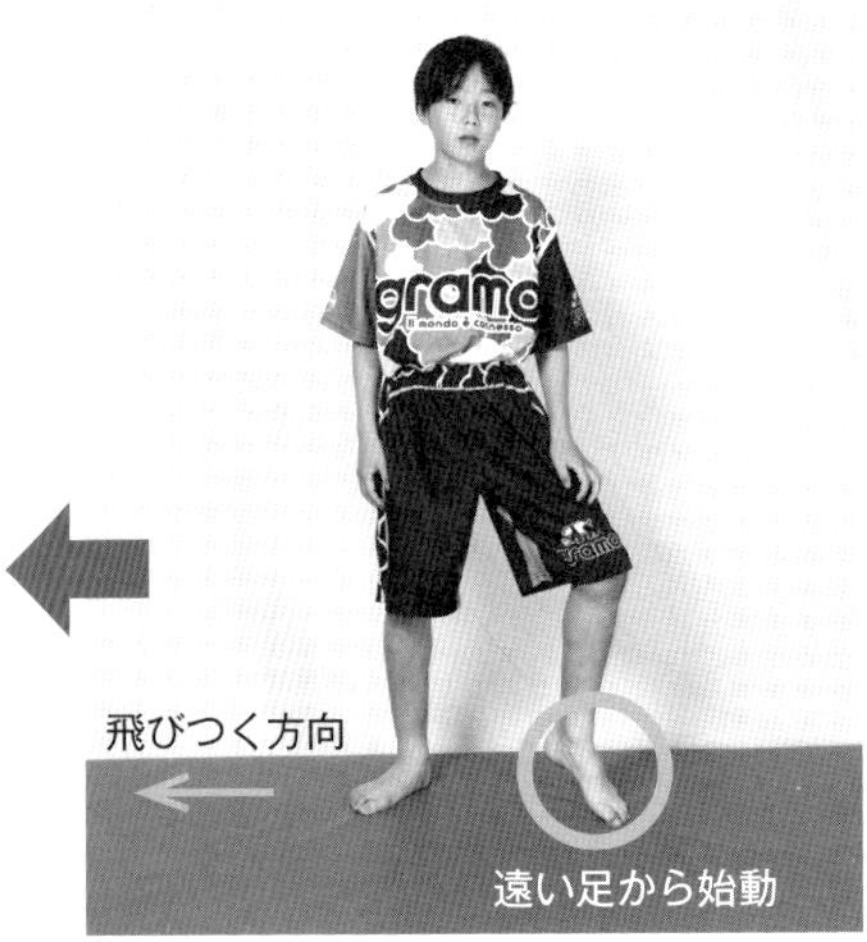

でも、この体勢だと次に逆を突かれると反応ができません。また、反応しようとすると脚への負担が大きく、繰り返すうちに疲労となって脚に効《き》いてきます。スポーツにおいて「スタミナがある」というのは、心肺能力や筋肉そのものの問題とされがちですが、このような「脚が疲労しやすい動作を、どれだけ繰《く》り返している」かどうかというのも大きな要素なのです。

では、飛びついてプレーするとき、どのような動きが人体の構造にかなっているのでしょうか。ポイントは、上半身だけで迎えに行かないことと、（踏み出したい方向から）遠い足から始動することです。

まず最初に、動きたい方向から遠い足（写真では左足）から始動し、進みたい方向の120〜180度くらいの方向に足先を向け、ごく小さくステップするような感じで足指から着地します。そして、その足を軸足として地面を蹴《け》り、前側の

疲れず反応力の高い左右への飛びつき方

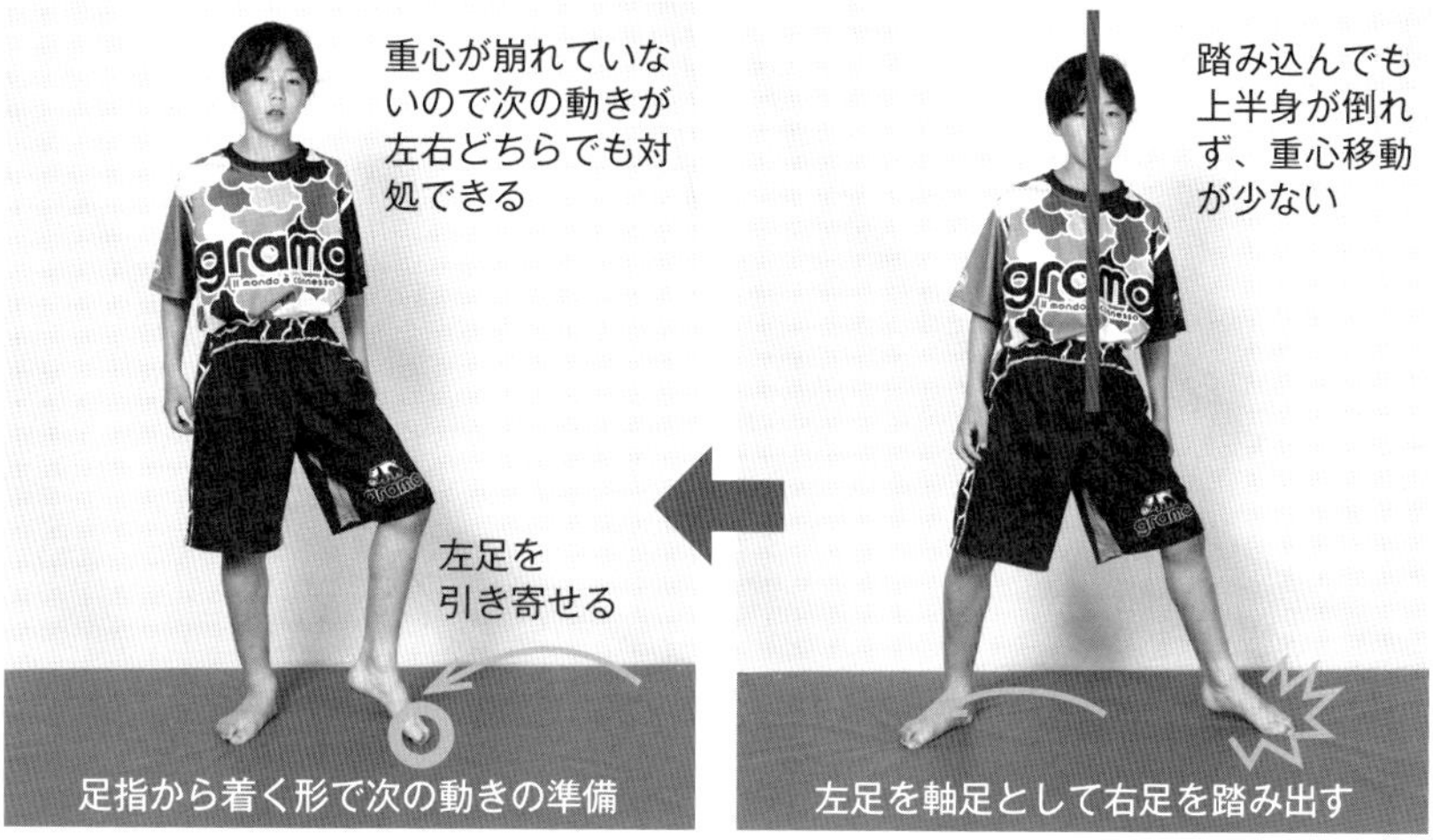

足（写真では右足）と体全体を移動させます。最後に、後ろ側の足を引き寄せ、足先から着地する形で次の動きに備えます。

これが前傾姿勢を作らない飛びつき方です。足への負担も少なく、次のボールが左右どちらに来ても対応することができます。

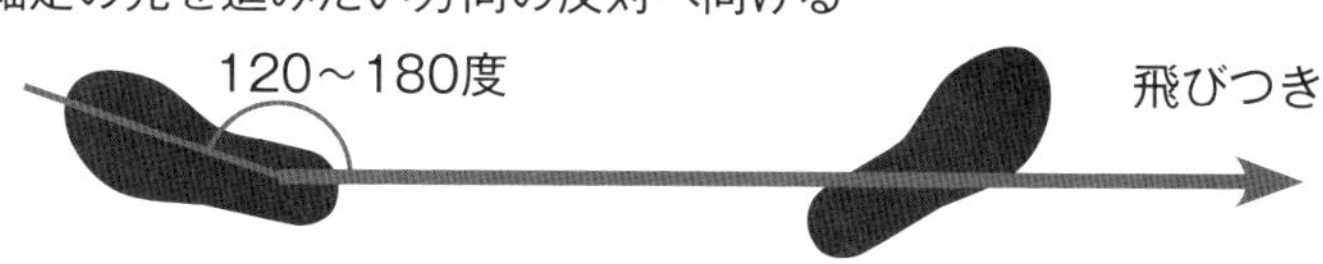

ジョギング

スポーツ全般

腕は縦に振らず横に振る

どのようなスポーツでも、ウォーミングアップや練習の一環《いっかん》としてジョギングすることは多いと思います。

そこで問題となるのが、走るフォームです。陸上競技選手ならいざしらず、ほとんどのスポーツ選手が、練習で走るときの走り方を意識したことがないのではないでしょうか。指導する側も、「アップにすぎないから」、「走るなんて誰でもできるでしょ」という感じで、走り方の指導などせず、ただ「走っとけ」という方が多いように感じます。

しかしそれは、危険なことなのです。足によくないフォームで走り続けていると、体を鍛《きた》えているつもりで、自ら体を傷つけているようなものです。また、練習で走っている走り方がクセとして染《し》みつき、

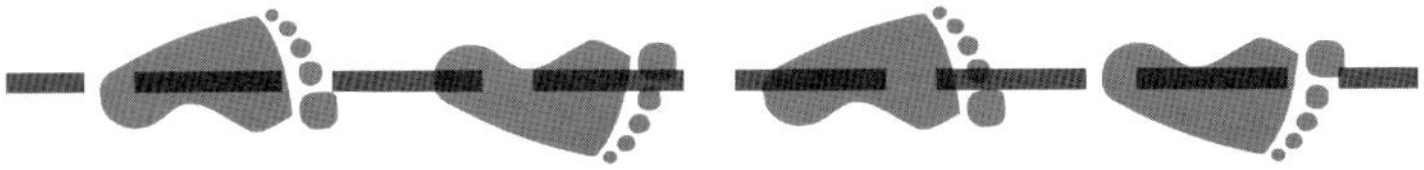

足跡が一直線になる走り方はよくない

✕ 体によくないジョギングのフォーム

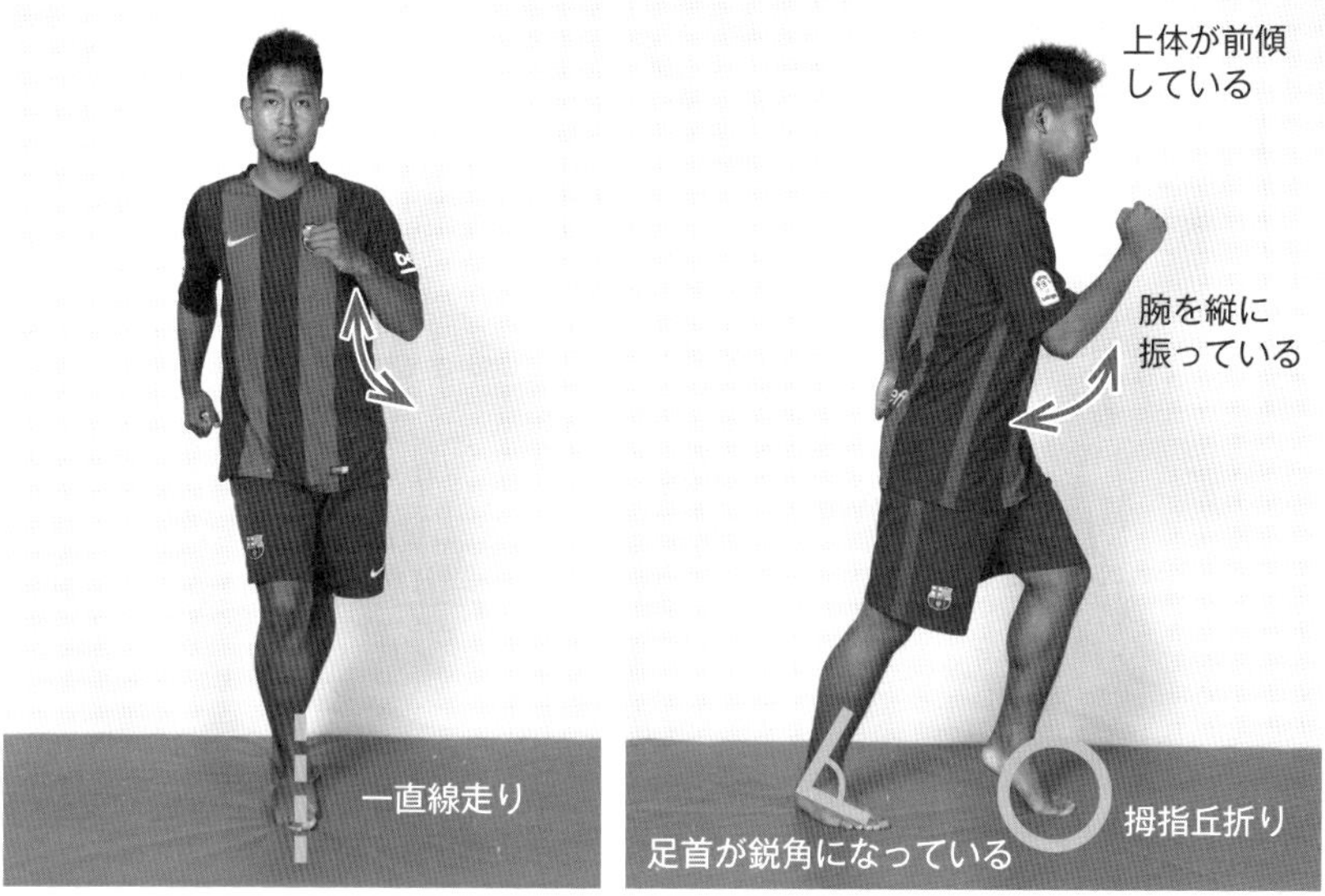
上体が前傾
している
腕を縦に
振っている
一直線走り
足首が鋭角になっている
拇指丘折り

実際の試合では、同じフォームで全力をかけ続けることで筋肉や関節のケガを負ってしまうこともあります。

パフォーマンス面でも、よくないフォームでは筋肉の張りや疲労を早く招《まね》き、試合後半になると思うように動けなくなってしまいます。

よく見かける悪い走り方から説明していきましょう。まず多いのが左右の足跡が一直線になるような「一直線走り」です。一直線まではいかなくても、正面から見て左右の足が半分程度重なるような足運びで走っている人は多くいます。この走り方は、足首、ひざ、腰を痛めます。

　次のポイントは、後方の足のかかとを地面に着けたまま、足首を鋭角（90度以下）にしてしまっていることです。人体の構造上、足首を鋭角にすると、ふくらはぎの筋肉が張ります。これを繰り返していると、脚に早く疲労がたまるのです。また、上体を前に倒した姿勢で走ると、この鋭角足首の形になりやすくなります。

　前側の足にも注意が必要

体にいいジョギングのフォーム

です。走っていて足を着地させるとき、拇指丘《ぼしきゅう》（親指の付け根）から着地させると、衝撃《しょうげき》が脚に伝わり、ひざや腰のケガへとつながります。そして、走るとき、腕を縦《たて》に振るのもあまりよくありません。

よい走り方は、まず、足を骨盤幅《こつばんはば》（自然な股関節の幅）に開き、その間隔《かんかく》を保《たも》って走ります。

そして、足が体の後ろ側に来たら、早めにかかとを上げていき、足首の角度が鋭角（90度未満）にならないよう注意します。ジョギングなのですから、前傾姿勢でシャカリキに走ることはありません。上体はできるだけ倒さず、立った姿勢を心掛けます。

また、着地する足は、指先から着くようにします。これで着地の衝撃を吸収し、体に優しく、効率のよい走り方ができるのです。

体にいいジョギングのフォーム

上体をあまり
倒さない
かかとを早めに
上げ、足首90度
以上を保つ
指先から着地

高く跳《と》ぶジャンプ

バレーボール　バスケットボール　サッカー

かかとの外側を着く
体は半回転

バレーボール、バスケットボール、あるいはサッカーのヘディング。ジャンプするという動作もスポーツの基本的な要素のひとつです。

走るとき、短距離ダッシュ、30mのスプリント、ジョギングでそれぞれ適《てき》した走り方があるのと同様に、ジャンプも1つではなく、とにかく高さを出したいジャンプ、味方のプレーのタイミングに合わせて跳ぶジャンプなど、状況ごとに適した跳び方があります。ここでは、その中でも最高到達点を出したいジャンプを跳ぶときの足の使い方を紹介しましょう。

最大のポイントは、踏み切る足（右利きなら右足）のかかとの外側から接地させるということです。かかとの外側→親指の順に、トントンと2拍子で踏み切るのです。助走（予備動作）からダーンと1拍で跳び上がっては高く跳べません。

そして、トントンの2拍目（体重が親指に乗ったとき）のタイミングで、ひざの角度が110度になるようにします。これが、ジャンプにおいて足の筋肉が最も力を発揮《はっき》することのできる角度です。それと同時に、反動をつけるため後方に振った腕が最大になるようにします。

この形をきちんと作ることができれば、あとは体が自然に上へ跳び上がります。もうひとつ、踏み切るときに肩（両肩を結んだライン）は正面を向いていて、骨盤（両足の付け根を結んだライン）は右斜めを向いていることが高く跳ぶためには必要です。そして、跳び上がると体が半回転し、後ろ向きに着地するのです。

この跳び上がり方、バレーボールの選

○ トントンと2拍で踏み切る

②
次に足先を
着いて
踏み切る
最初にかかとの
外側を着く

× ダーンと1拍で踏み切る

手はできている人が多いのです。一方、サッカー選手などは踏み切る足を1拍《ぱく》でダーンと踏み込み、肩のラインと骨盤がともに正面を向いている形で跳び、正面を向いたまま着地する人がほとんどです。そのため、身体的条件がほぼ同じだとしたら、バレーボール選手の方が高く跳ぶことができます。もちろん、サッカーでは相手をマークをしたりボールに合わせたりしなければなりませんので、そういう目的のときは別の跳び方を使いますが、高く跳びたいときはこのジャンプをマスターしておけば、違いを見せることができます。

このように、ジャンプというものは、人体の構造を踏まえた跳び方も大事なのです。高く跳びたい人は、ただ自己流で練習を繰り返したり、脚の筋肉を鍛《きた》えるだけでなく、跳び方にも気を配ってみてください。

高く跳ぶためのジャンプ

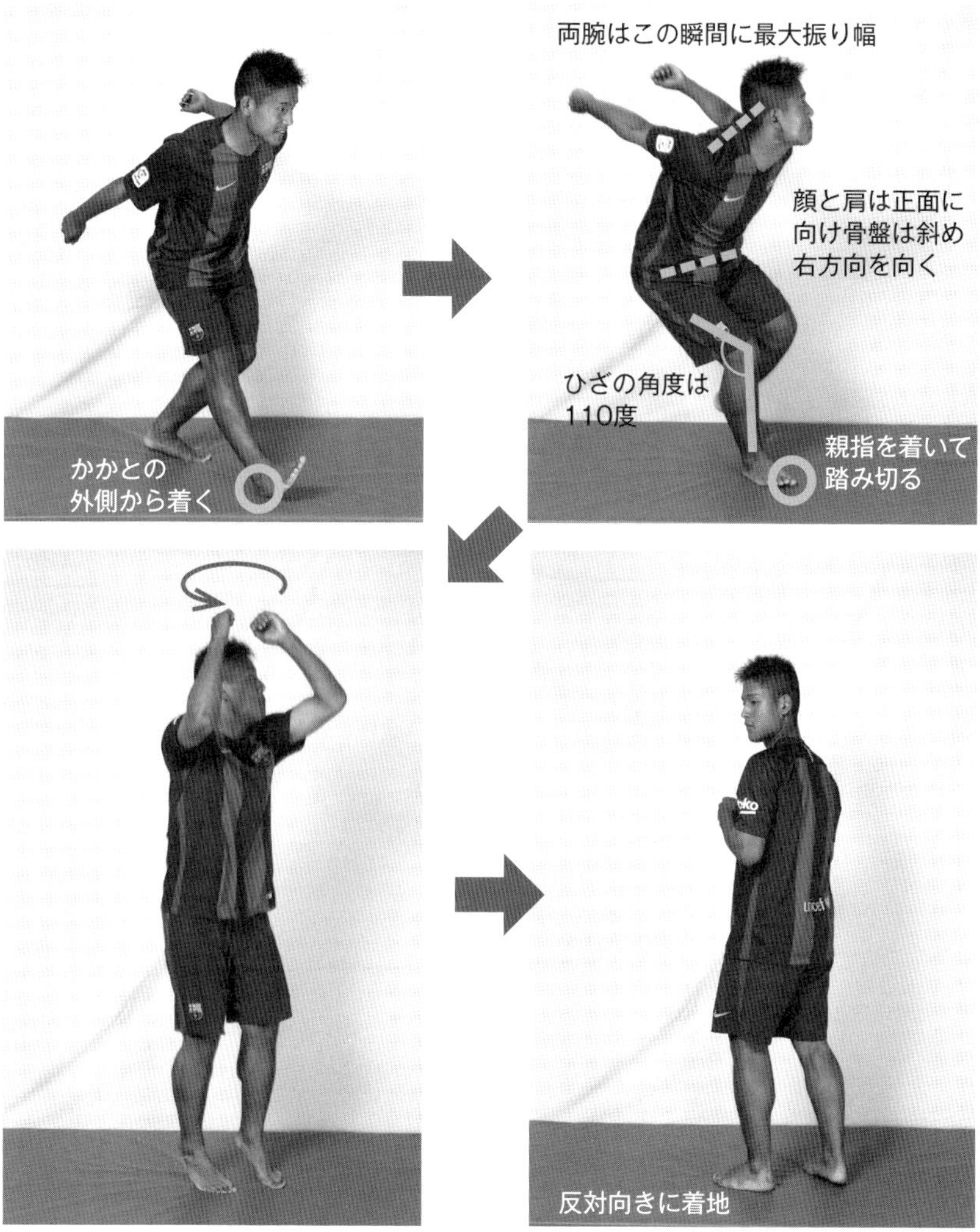
かかとの
外側から着く
両腕はこの瞬間に最大振り幅
顔と肩は正面に
向け骨盤は斜め
右方向を向く
ひざの角度は
110度
親指を着いて
踏み切る
反対向きに着地

静止状態からのダッシュ

野球　バスケットボール
サッカー　スポーツ全般

短距離と中距離を使い分ける

静止状態からダッシュをするとき、脚の筋肉や関節には大きな力がかかります。そのため、ケガの原因となりやすい瞬間なのです。

やはり、長い期間、活躍できている一流アスリートは、このスタートのときに体に優しく、かつ運動的にも効率のよい足の使い方ができています。

まず、野球のランナーのスタートをイメージしてみましょう。多くの選手は、ホーム方向を向いた姿勢から両足をクルっと90度回して次の塁《るい》の方向へ向け、スタートしていきます。しかし、これは後ろ足に大きな負担がかかり、よい走り方とはいえません。また、このスタートだと上半身が前傾して足より前に出てしまい、ひざや腰の負担にもなってきます。

短距離ダッシュのよいスタートは、後ろ側の足（写真では左足）を走る方向と反

短距離ダッシュ（5～15m）

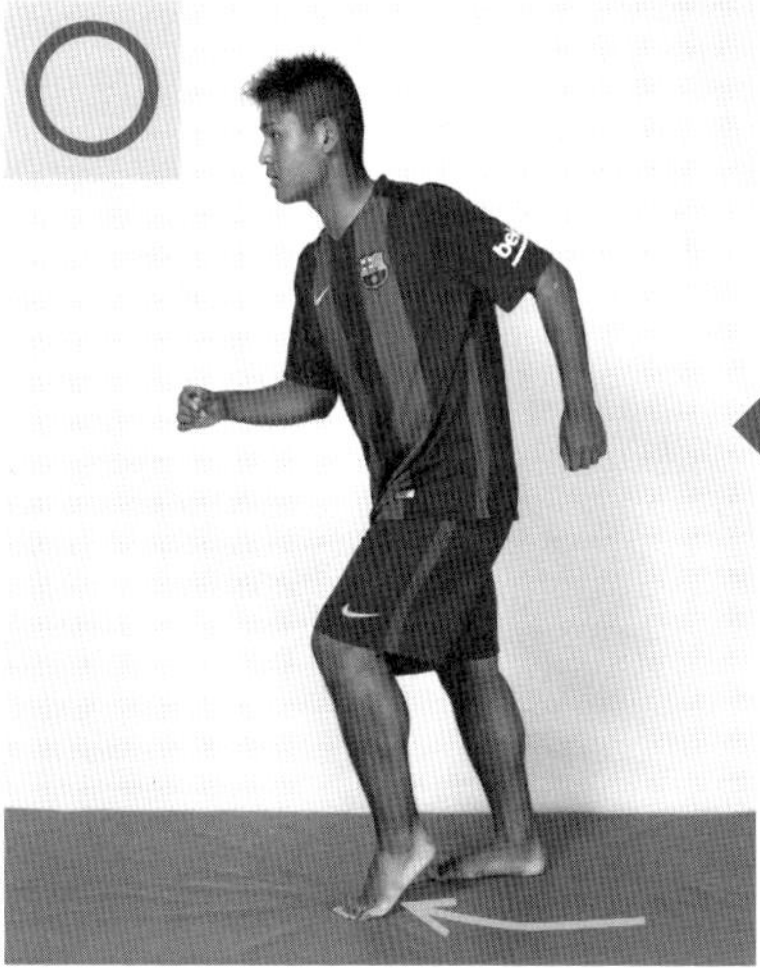

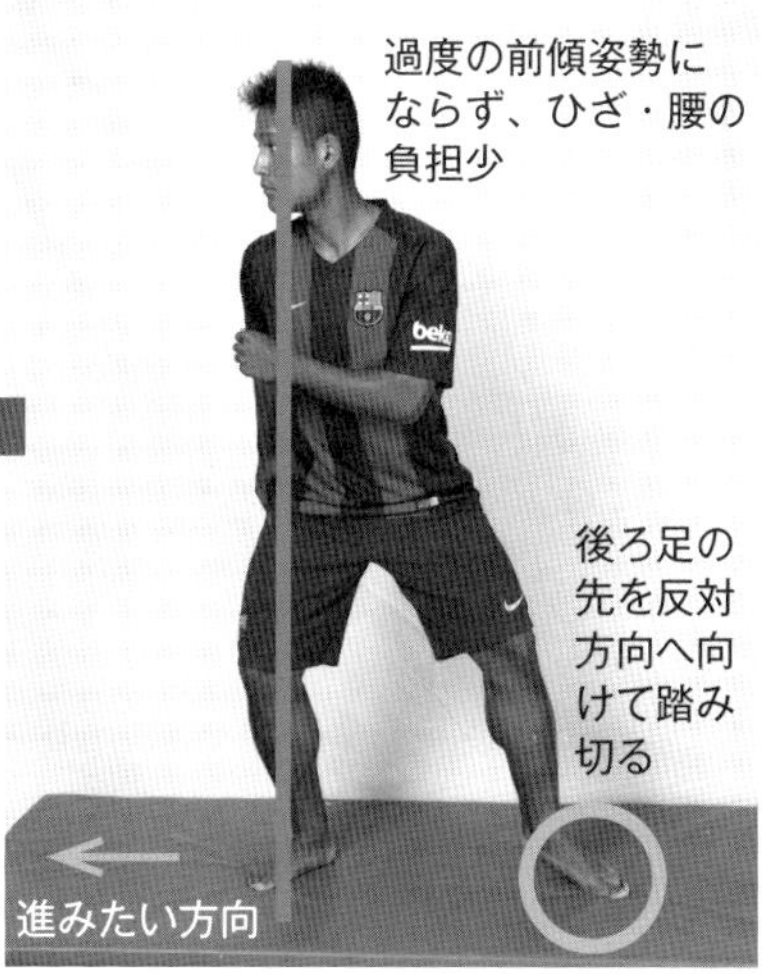

対へ向けます。こうすると、一番大きな力のかかるスタート時にも脚への負担が小さくなるとともに、効率よく最大の力で地面を蹴り出すことができます。

これを実践していたのが66ページで紹介した元・巨人の『走りのスペシャリスト』鈴木尚広。効率よく、体の負担も少ない走り方を実践していたからこそ、ベテランと呼ばれる年齢まで活躍できたのです。

走り方というのは、場面に応じてベストな手段を使い分けることが必要です。4・6m以内の距離を一番速く移動できるのは、74ページで紹介したように、走らず「跳ぶ」方法です。それより長い5m以上のダッシュに適《てき》しているのが、この後ろ足を逆方向に向けてスタートする方法なのです。

次に、もう少し長い距離、20m以上のダッシュの仕方を紹介しましょう。

陸上競技のスタンディングスタートと近いのですが、気をつけるべきポイントが3つあります。ひとつは、スタートから数歩を体の幅の外側に踏み出し、決して体の真下に足を着かないこと。2つめは、外側に踏み出しているとき、頭（上半身）も左右に動かし、足の上に持ってくること。そして、足は指先から着地することです。これで、スタート時、急に大きな力のかかるひざや腰への負担も減らすことができます。

中距離ダッシュ（20m～）

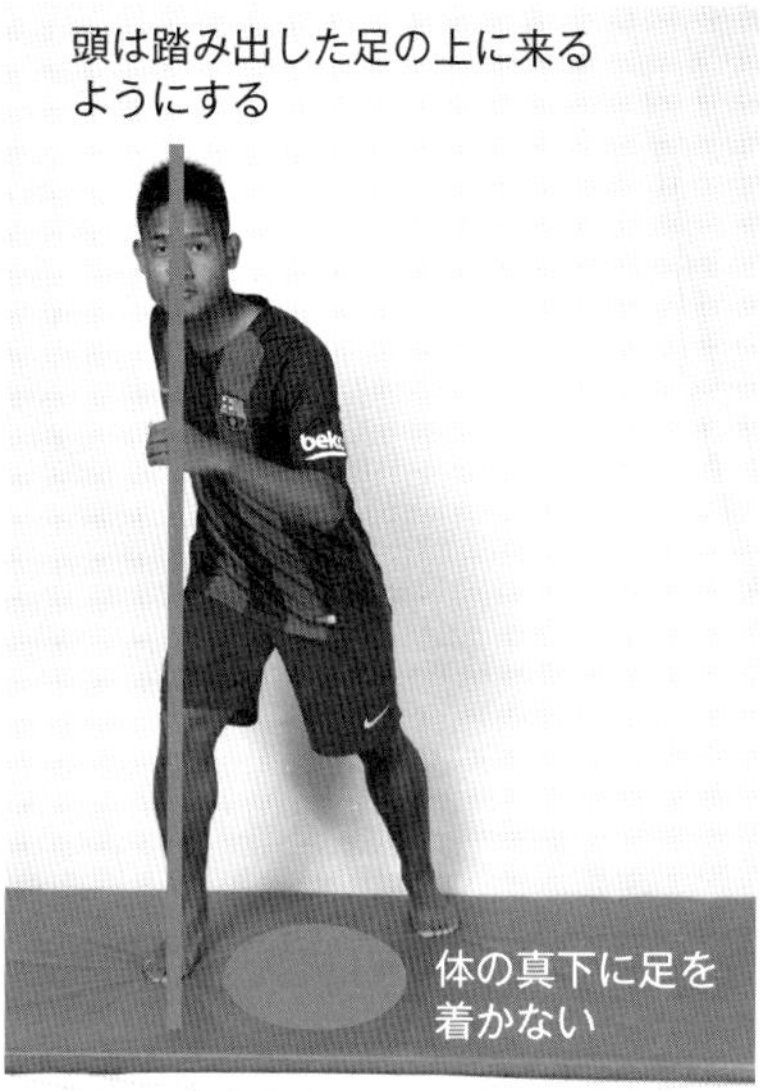
頭は踏み出した足の上に来る
ようにする
体の真下に足を
着かない

最初の
2～3
体の幅よりも
外に踏み出す

×
拇指丘から
着地している

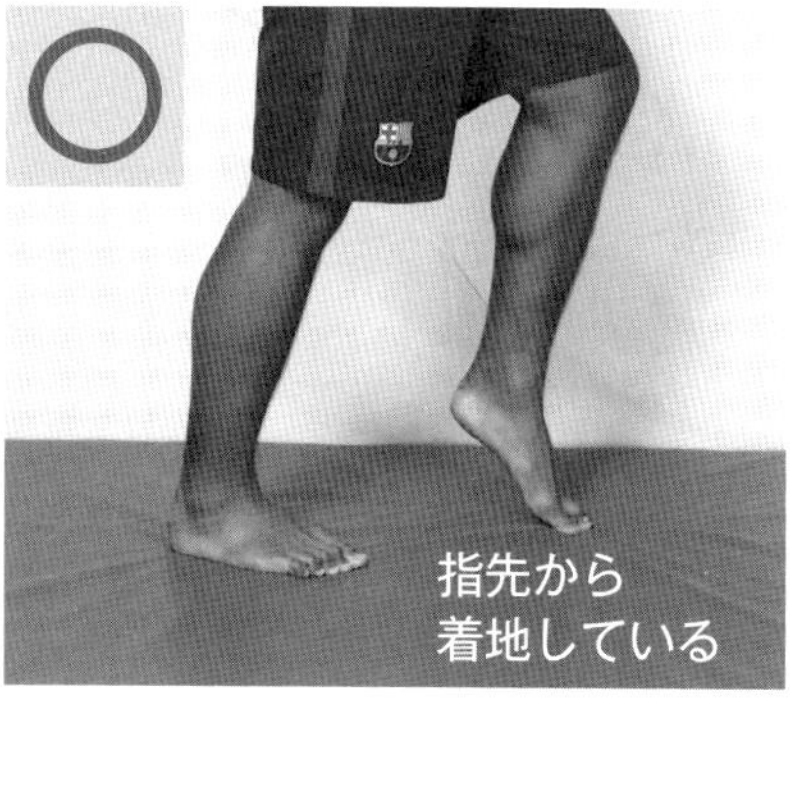
○
指先から
着地している

インサイドキック

サッカー

かかと着地は将来のケガのもと

サッカーの基本プレーのひとつにインサイドキックがあります。見ていると、多くの選手がキックのとき、足首を90度前後に曲げ、足を地面と平行に近い形にしてボールを蹴《け》っています。この形で蹴るとキックの後、足の裏が正面から見えるフォームになり、多くの場合、かかとから着地します。かかと着地というのは、人体に備わっている衝撃吸収機能を発揮できず、ダイレクトに関節に衝撃が伝わります。ひざや腰のケガにつながる形なのです。

一回の着地の衝撃はわずかだとしても、小さい頃からサッカーを続けていれば何万回、何十万回とインサイドキックを蹴ることになります。その度にかかと着地でダメージを蓄積させているわけですから、10代後半、あるいは20代になって、ひざ痛・腰痛という形で表面化してくるのです。

✕ 足が地面と平行なインサイドキック

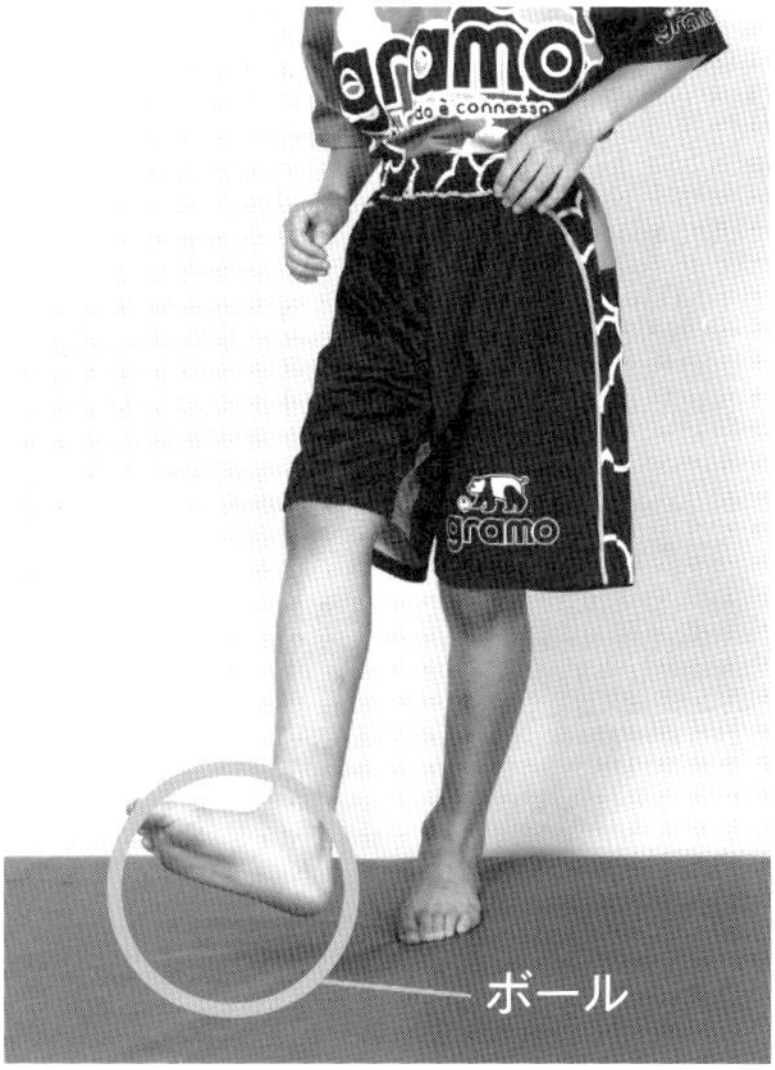
ボール

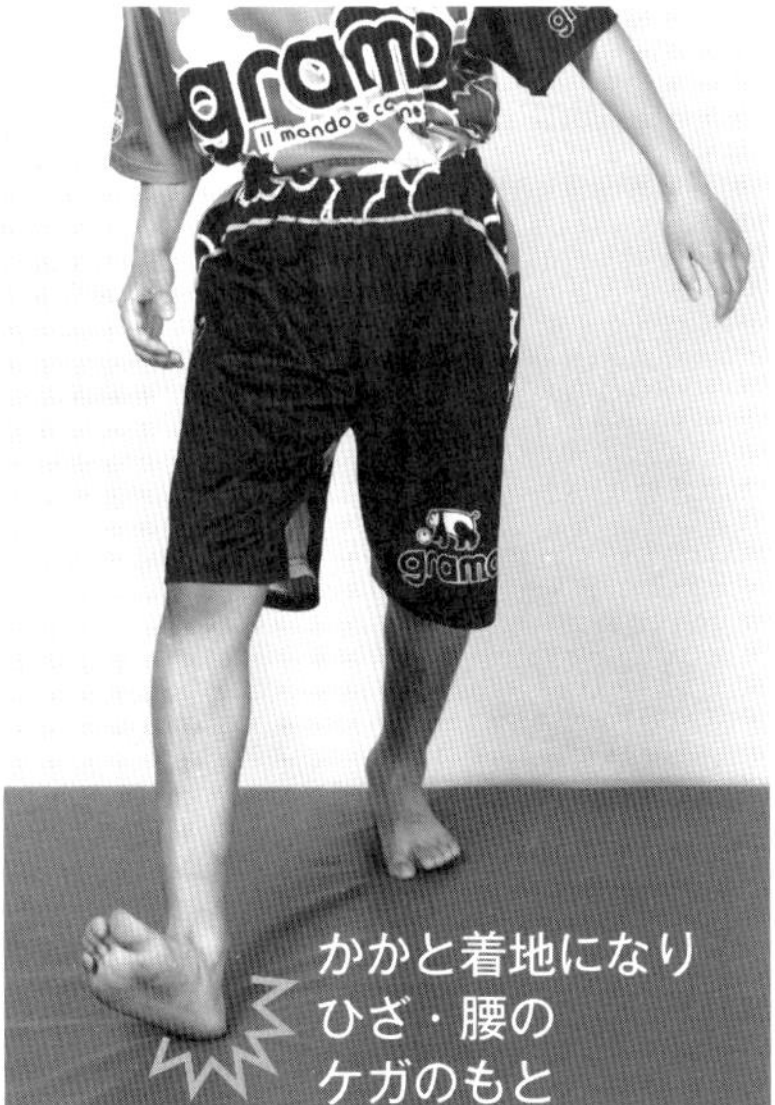
かかと着地になり
ひざ・腰の
ケガのもと

脚によいインサイドキックは、足首を伸ばし、足先を下に向けた状態で蹴ります。この形なら、蹴り終わった後も足を下に向けたまま、指先から着地することができます。足本来のクッション機能を活かし、ひざの関節や股関節にも優しい着地なのです。

インサイドキックに限らず、サッカーで足首を90度前後にしてボールをプレーするという状態は、ひざなど、脚の関節に負担をかけているということなのです。いつまでもケガなくプレーするためには、ボールに触れるとき、とにかく足首を伸ばすことを心掛け、体に優しい足指着地をすることが大事です。

○ つま先を下に向けたインサイドキック

つま先を下に向けて
キック

足指から
着地する

ボール

足指着地で
ひざ・腰への
負担が少ない

足指ステップ～縄跳びトレーニング

スポーツ全般

反応力アップのための準備動作を身につける

ボールや競技相手に反応し、どれだけ、できるだけ早く動いて対応できるかということもスポーツで求められる大きな要素です。

そのためには、待機しているときの姿勢や状態も大事なのです。例えば、両足の全体を地面に着けて体重を落とし、相撲の四股《しこ》のような体勢で待っていたら、瞬間的に反応して動き出すのは難しいでしょう。

スポーツで素早く反応するためには、静止しているよりも、ある程度、足を動かしている方がよいのです。これを予備動作といいます。この予備動作は、競技の質や状況によっていろいろなものがあるのですが、いくつものスポーツに共通する予備動作のベースを紹介します。

まず、足を骨盤幅で開いて立ち、片足を軸足として、もう一方の脚を外側に開き

反応力を高めるステップ・トレーニング

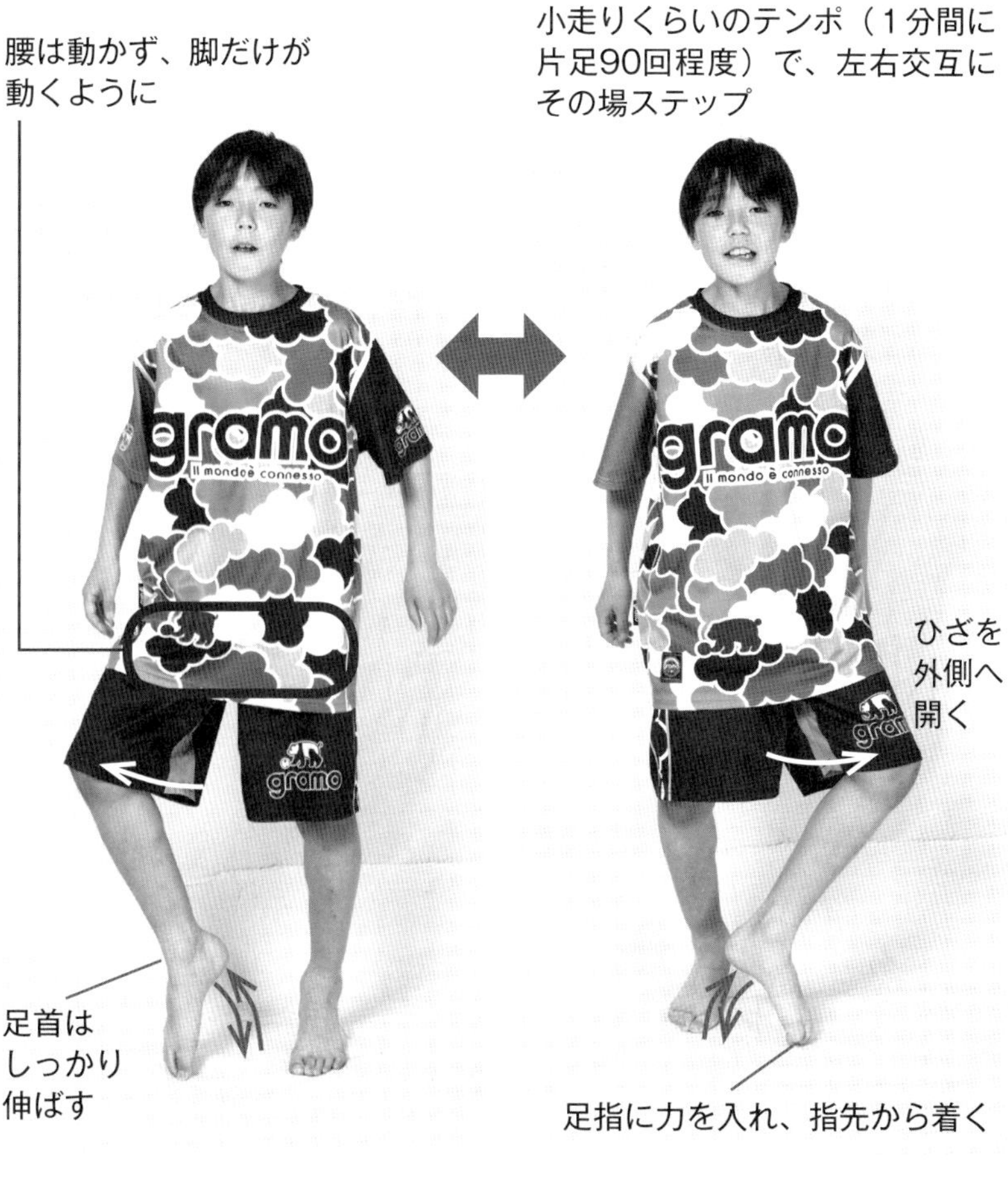

ながらかかとを上げ、足首を伸ばして足指を地面に着きます。

次は軽くステップを踏むようにして足を交代させ、反対の足のかかとを上げて足先を着きます。この『その場ステップ』を、小走りくらいのテンポで繰り返します。

注意点としては、腰は振らずに脚だけを動かします。そして、横から見たときに腰が少し丸まった姿勢を取ること。背中が反っていると、脚がスムーズに動きません。また、外側に開いたひざの向きと足先の向きが一致するようにします。例えば、ひざの向きよりも足先が開いている人は、X脚になっていて、ひざや股関節に負担をかけています。

サッカーなどでは、試合中の走っていないとき、常にこのステップを踏んでいると、次のプレーへの反応が違ってきます。できることならば、練習の順番待ちの間でも、指示を待っている時間でも、練習中の止まっている時間は常にこのステップを踏んで、体に動きを染みこませてほしいのです。

さらに上級者向けとしては、このステップで縄跳びをするととても効果的です。足先を意識したジャンプと着地のトレーニングになりますし、足の回外の動き（→第4章）も身につきます。体の各部の連携にも効果的です。

ひざと足先が同じ方向を向くことが大事

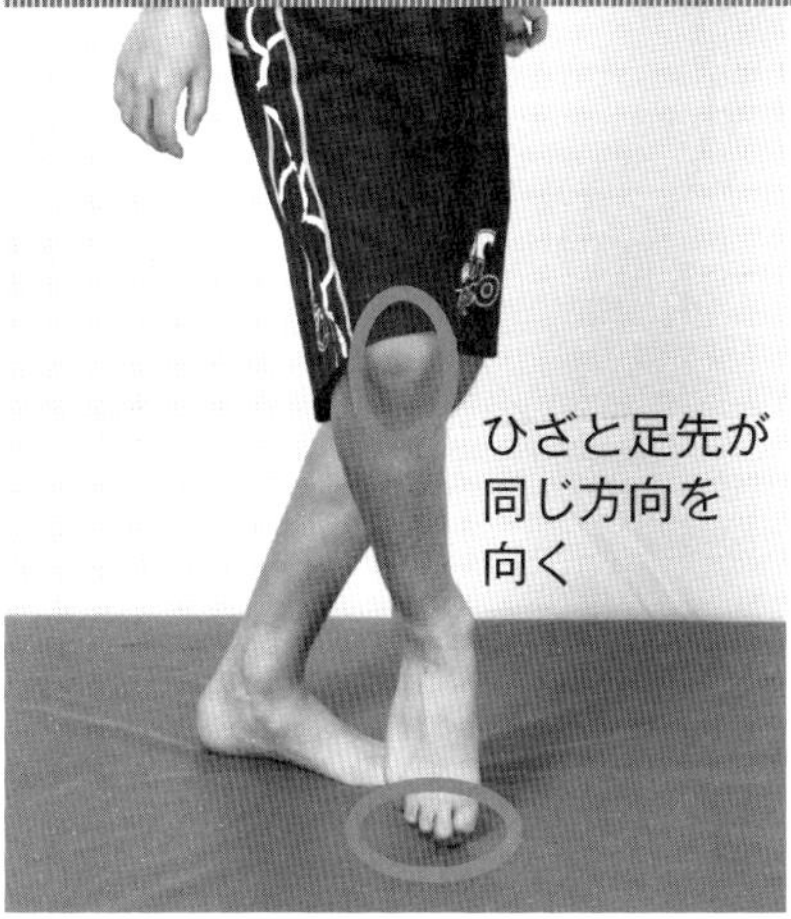
ひざと足先が
同じ方向を
向く

腰は少し丸める
（反ってはダメ）

縄跳びを組み合わせると理想的トレーニングに

第4章

人体の構造を活《い》かした運動を

足指を最大限に使え

足指から地面に着《つ》く
それが、ひざの関節を救う

「足の指から着きなさい」

私がアスリートの指導をするとき、口癖《くちぐせ》のように言っている言葉です。

多くのアスリートを苦しめる、ひざや腰のケガのほとんどは、運動中にかかる衝撃《しょうげき》が原因となって起こります。これは、一回、足を変なふうに着いたからケガをしてしまったという話ではありません。1分間に何十回とやっている足を着く動作が、何万回、何十万

3つのアーチが足にかかる
衝撃を吸収している

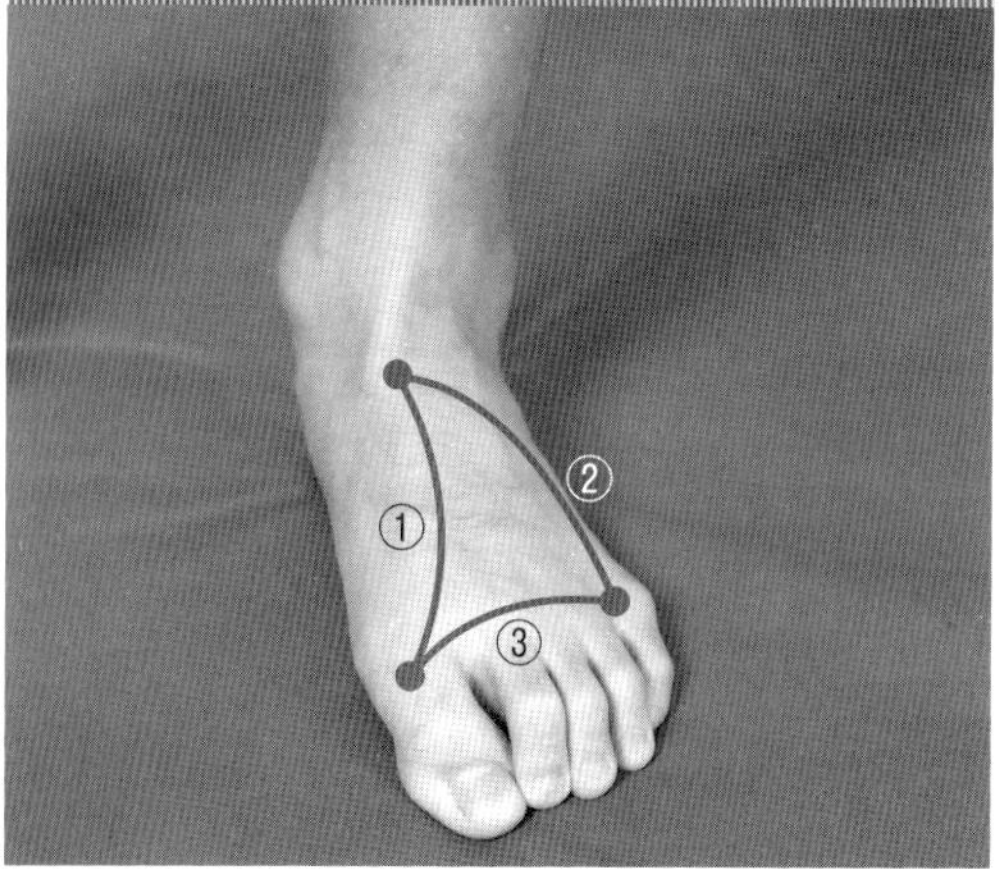

回と繰《く》り返《かえ》す中で少しずつ骨や関節に悪い影響をもたらし、ケガとなって現われるのです。

どうしたら、足からの衝撃を和《やわ》らげられるのか……。

クッションの効いたシューズを選ぶ？　いいえ、実は、人間の体には生まれ持った衝撃吸収機能が備《そな》わっているのです。人類の祖先が直立二足歩行をするようになって5百万年とも7百万年ともいわれます。裸足で野山を走り回って狩りをして

バレエダンサーのように足指立ち

足首は目一杯
伸ばす
足指に力を入れる

いた彼らは、現在のアスリートのような運動をしていたはずですが、すぐにひざをケガするような体だったなら、進化の過程《かてい》を生き残れなかったでしょう。

足のアーチ構造は天然のショックアブソーバー

人間の体に生来《せいらい》備わっているクッション機構とは、足の骨のアーチ構造です。足を親指側の真横から見ると、親指とかかとが地面に着き、土踏まずの部分が浮いたアーチがあります。このアーチは、骨、腱、筋肉でできています。また、外部からは少し見えづらいですが、足の小指側にもアーチがあり、そして、足の指の付け根に沿って横方向にもアーチもあります。このアーチの三角形による立体構造で体重を支えることにより、足からの衝撃を吸収し、足首、ひざ、腰《こし》（股関節《こかんせつ》）への負担を小さくしているのです。

第3章でも少し触れましたが、かかとから着地してしまうと、このアーチによる衝撃吸収が働かず、ひざにダイレクトに衝撃が届きます。アスリートを見ていても、ひざをケガする選手、痛みがある選手は、たいていかかと着地をしていたり、足の骨の形が崩《くず》れてアーチがなくなっています。

このように、人間の体が元から持っている機能を十分に発揮《はっき》させ、ケガを防《ふせ》ぎながら高いパフォーマンスを出そうというのが、スポーツにおける動作解析のひとつの目的です。

最初は補助してもらったり手すりを使う

バレエダンサーのように足指で立つ

では、実際のスポーツの試合の中で、どのような足の使い方をしたら足への衝撃が軽減できるのか――。

その鍵《かぎ》を握《にぎ》るのが「足の指から地面に着く」という動作です。

第2章（↓36ページ）で解説したように、サッカーのクリスティアーノ・ロナウド（ポルトガル代表）は、ボールに触《ふ》れるようなプレーをするときは、ほとんど足をつま先から下ろしています。また、第3章（↓74ページ）では、テニスやバドミントンのように5mくらいの距離をダッシュするには、進行方向から遠い足を一旦《いったん》、進行方向と逆に向けて足指から着地させるというスタートを紹介しました。

かかとからガツンと着地するのではなく、足指から着地する。それが脚《あし》に優《やさ》しい使い方の第一歩です。

このために身につけたいのがバレエダンサーのように、足首を伸ばして足指で立つ方法です。いきなり立とうとしてもケガをしますから、最初は何かにつかまり、少しずつ体重を乗せるようにしてください。

両足で立てるようになったら、この足指着地のまま歩けるようにします。これも最初は2人一組等で手を支《ささ》えてもらいながら練習するとよいでしょう。最終的には、足指を下にしたままジャンプし、また足指で着地できるようになると理想的です。

足指立ちからのジャンプが目標

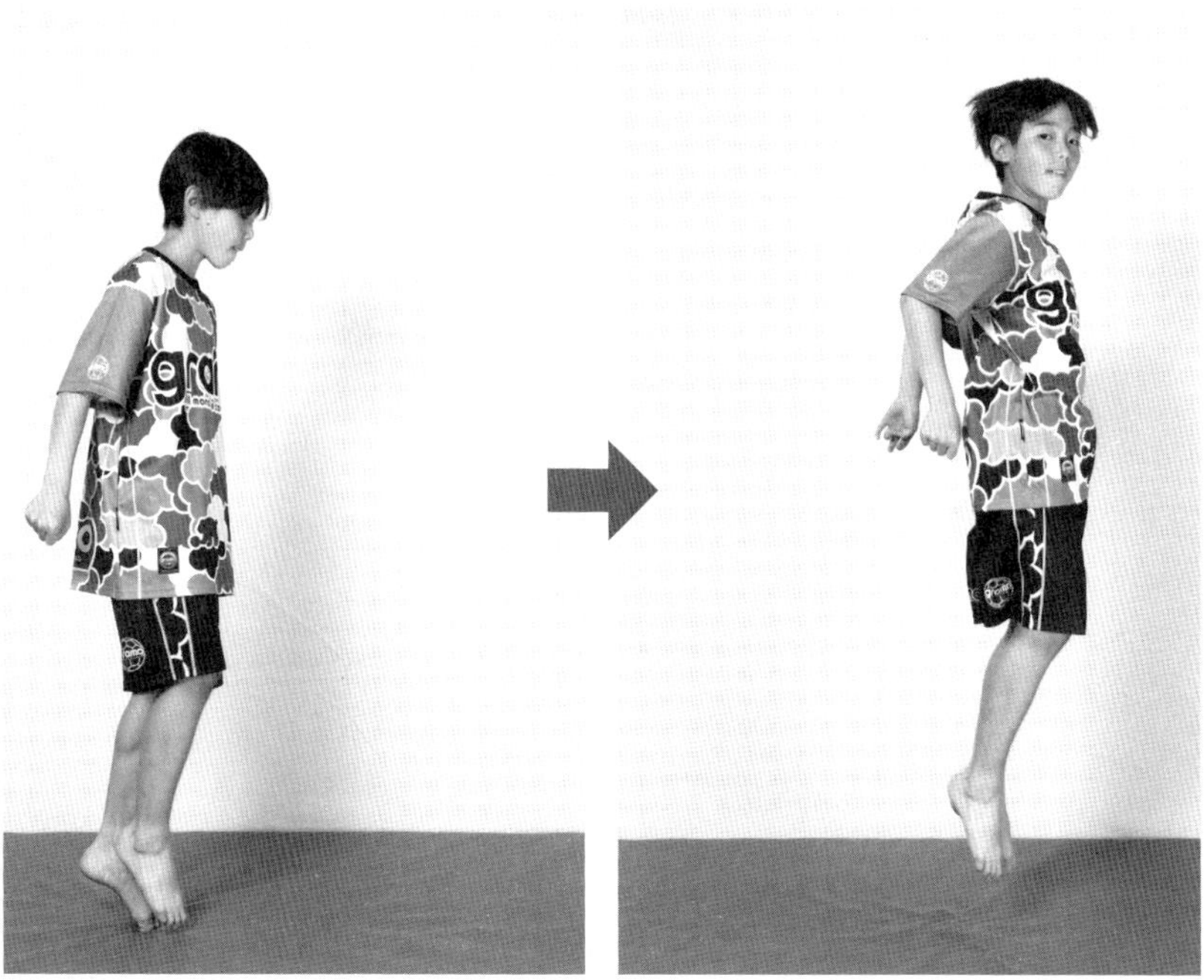

「平面では、拇指丘《ぼしきゅう》を使うとよい」という誤解《ごかい》

むしろ、「拇指丘は使うな」

拇指丘（母指丘・拇指球・拇趾丘）は、足の裏、親指の付け根にある丘のように盛り上がった部分のことです（手にも拇指丘がありますが、本書では特に断りのない場合は足のものを指します）。

スポーツ指導者のなかには、

「拇指丘から動け」

「拇指丘を意識しろ」

というような表現を使う方がいます。そのせいか、スポーツにおいて拇指丘を積極的に使うのはよいことだというような印象を抱いている人が多いのです。

しかし、人間の足の構造からいえば、

「平面では、拇指丘は使うな」

これが正解です。

拇指丘着地は脚を痛める

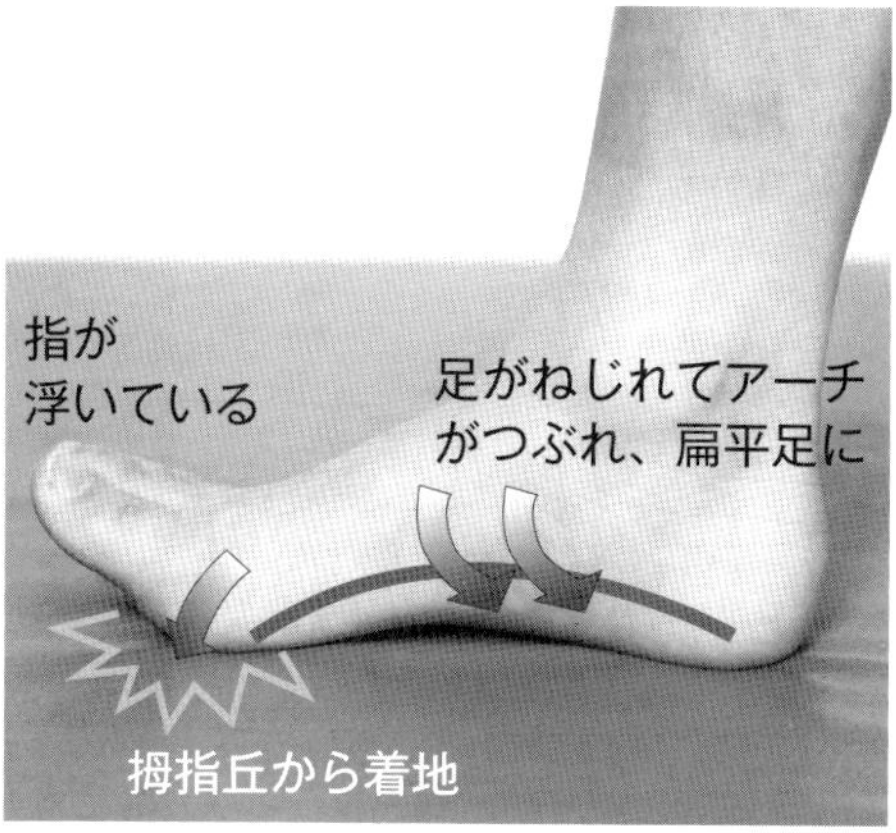
指が
浮いている
足がねじれてアーチ
がつぶれ、扁平足に
拇指丘から着地

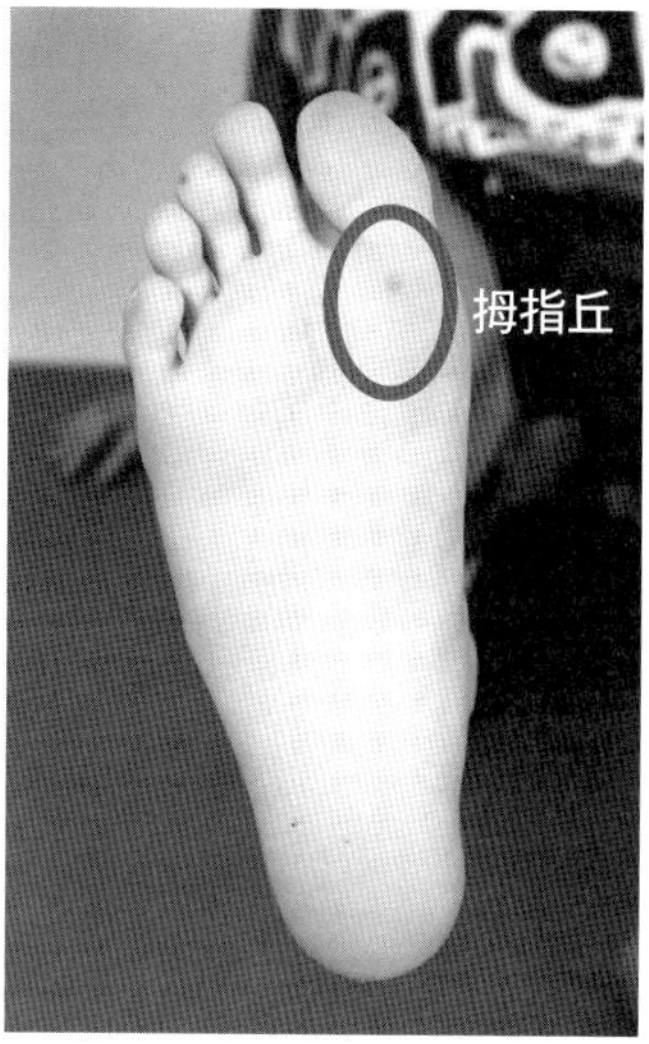
拇指丘

足によくない典型的《てんけいてき》な例が、走ったり歩いたりするとき、足を拇指丘から着地させることです。着地のとき、最初に拇指丘が接地するということは、足の指が浮いているということ。この状態で足に体重をかけて着地すると、足のアーチが十分に機能を発揮できず、足首やひざに衝撃による負担がたまっていきます。それだけでなく、ずっと拇指丘での着地を繰り返していると、足が内側に倒れるクセがつき、足のアーチが低くなるように足が変形してしまいます。ようするに、指を浮かせて拇指丘で着地していると、だんだんと扁《へん》平足《ぺいそく》になっていくということです。

拇指丘折りの体勢

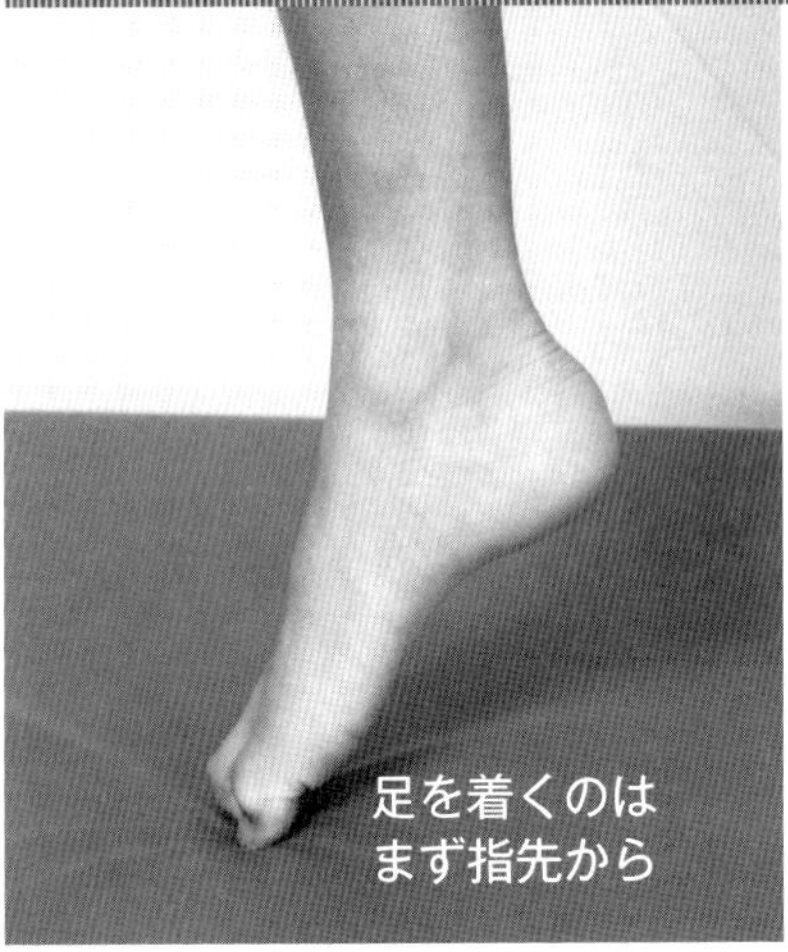
足を着くのは
まず指先から

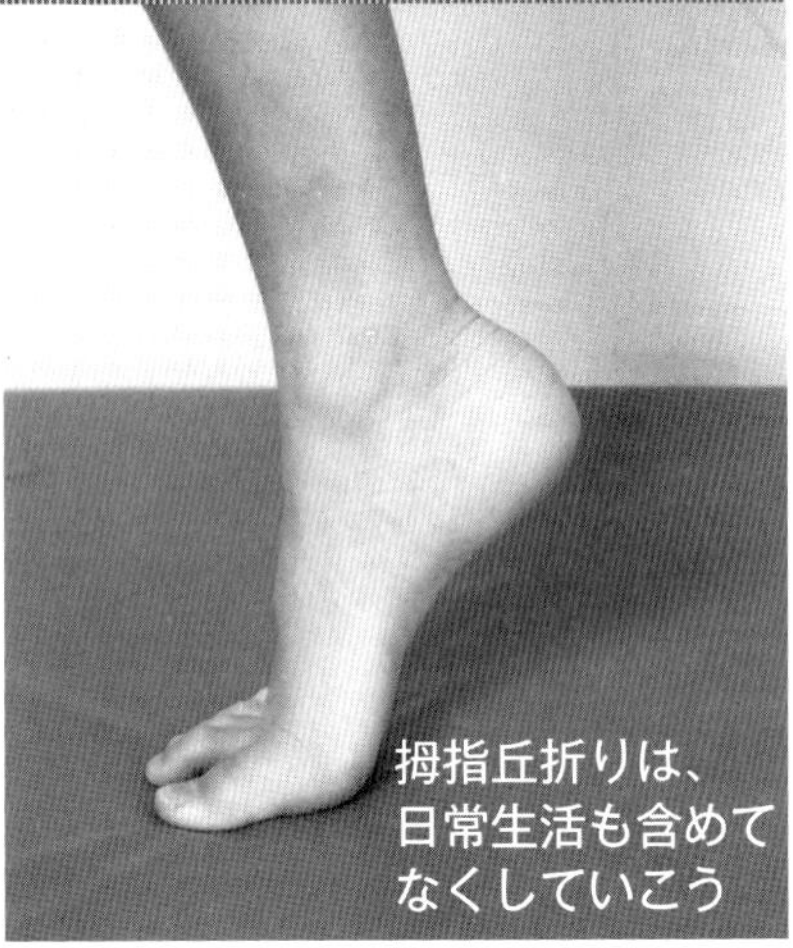
拇指丘折りは、
日常生活も含めて
なくしていこう

そうなると、もっと足の衝撃吸収能力が失われ、足首やひざ、腰へ加速度的にケガが広がっていくことになります。

拇《ぼ》指《し》丘《きゅう》折《お》りの体勢は足によくない

「つま先で立ちなさい」

そう言われたら、あなたは、どんな体勢をとるでしょうか。

多くの人が、足の指と拇指丘を地面に着けた「つま先立ち」のポーズをとるでしょう。でも、つま先とは爪の先のことですから、113ページで紹介したように足の指で立つことが

立つときは拇指丘を浮かせる意識で

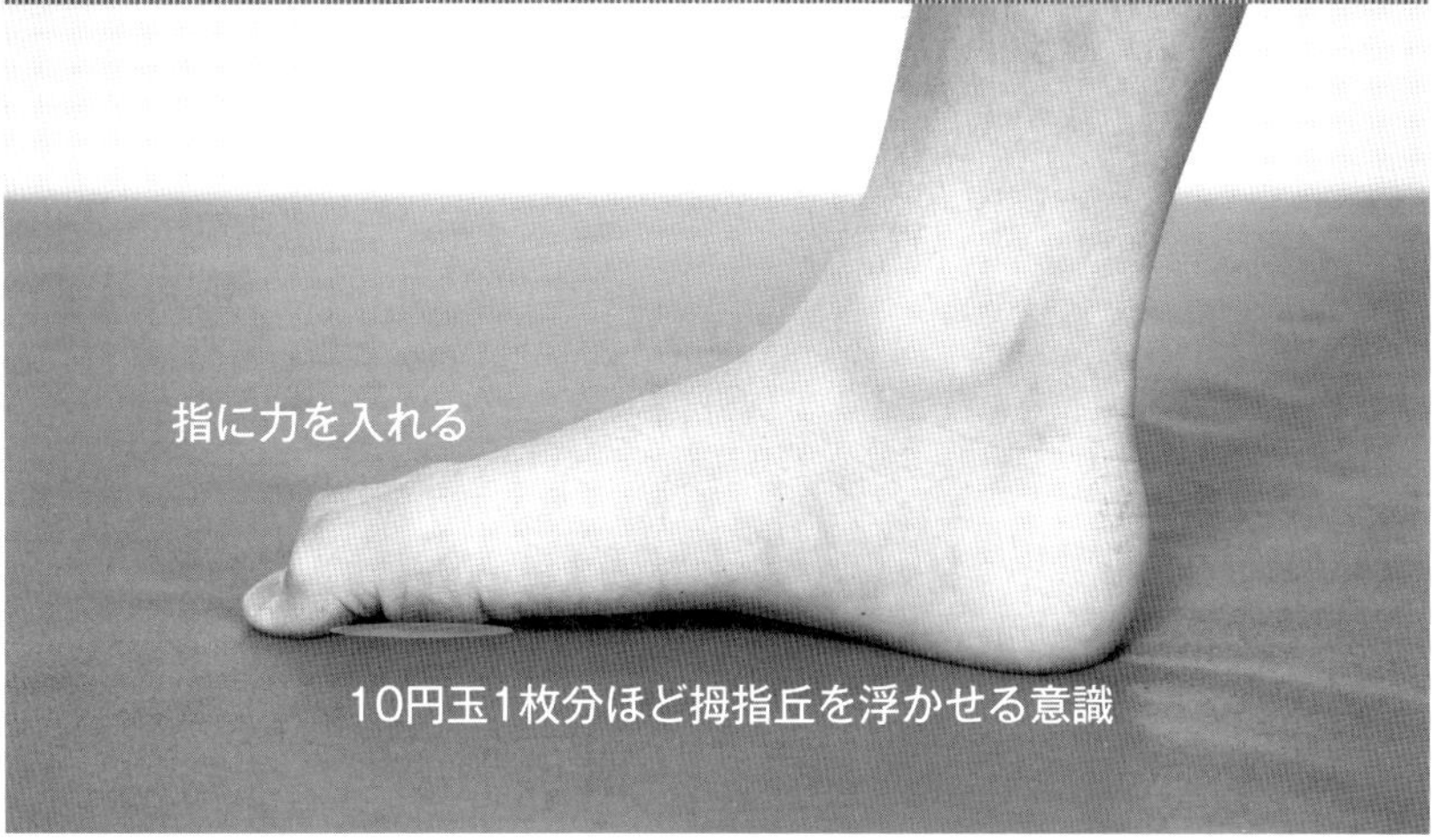
指に力を入れる
10円玉1枚分ほど拇指丘を浮かせる意識

本当の意味の「つま先で立つ」ということです。

それはさておき、この足を拇指丘で折って地面に着けている形、足にあまりよくありません。足をこの形にしているだけで足の筋肉が緊張し、張《は》りが出てきたり血行が悪くなったりします。

野球の守備についたとき、あるいはテニスのレシーブでボールを待っているとき、あるいはバレーボールのとき……。かかとを上げてこのような拇指丘折りの体勢をとっていませんか?

それは自《みずか》らパフォーマンスを下げているようなものなのです。

ですから、足の健康の面でも、悪いクセをつけないという意味でも、日常生活からこの「拇指丘折り」の姿勢を減らしていってほしいのです。

足全体で立っているときも、拇指丘は使わないのが正しい立ち方です。足の指に力を入れ、拇指丘と地面（靴底）の間に10円玉が1枚入るくらい浮かせる意識を持ちます。

日常生活から拇指丘折りの姿勢を減らしていく

第2章で紹介したように、陸上100mの金メダリスト、ウサイン・ボルトは、足指の力を活かし、できるだけ拇指丘を折らない（曲げない）ようなフォームであのスピードを実現しています。

スポーツのパフォーマンス面でも、積極的に拇指丘を着くことで向上することはあまりありません。

足の指は使って、拇指丘は使わない。スポーツをしている時間だけでなく、日常生活からこれを心掛けていってほしいのです。

鋭角足首《えいかくあしくび》

足首を90度より大きく曲げない

ここまで第3章など、いくつかの箇《か》所《しょ》で「鋭角足首」という言葉を使ってきました。

足首（足関節）の基本は、真っ直ぐ立ち、すねと足（足底）が90度になっている状態です。この足首の角度を90度より小さく曲げると、人体の構造上、ふくらはぎの筋肉が張《は》ってきます。そのため、足首を鋭角に曲げているだけで少しずつ足に疲労《ひろう》がたまり、徐々に

○ 直角足首

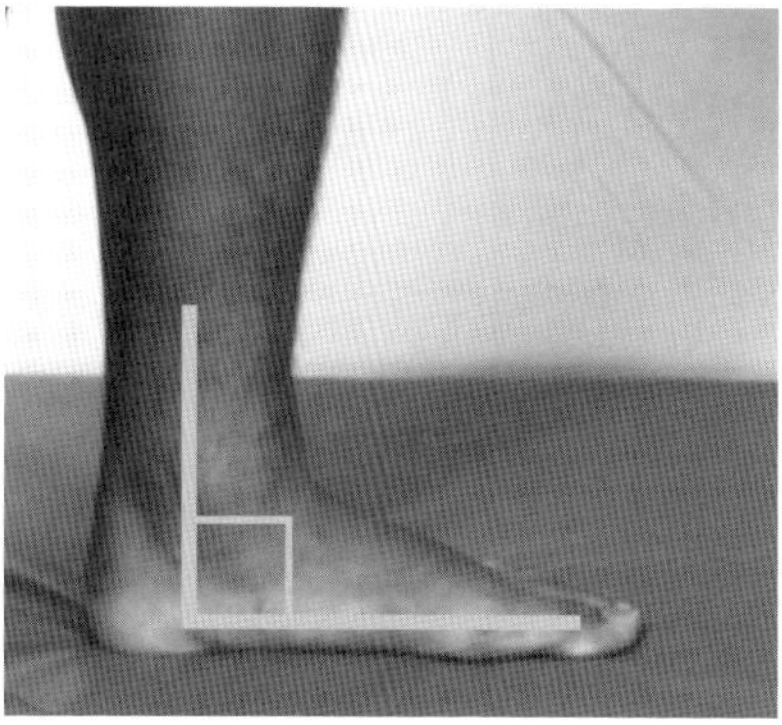

× 鋭角足首

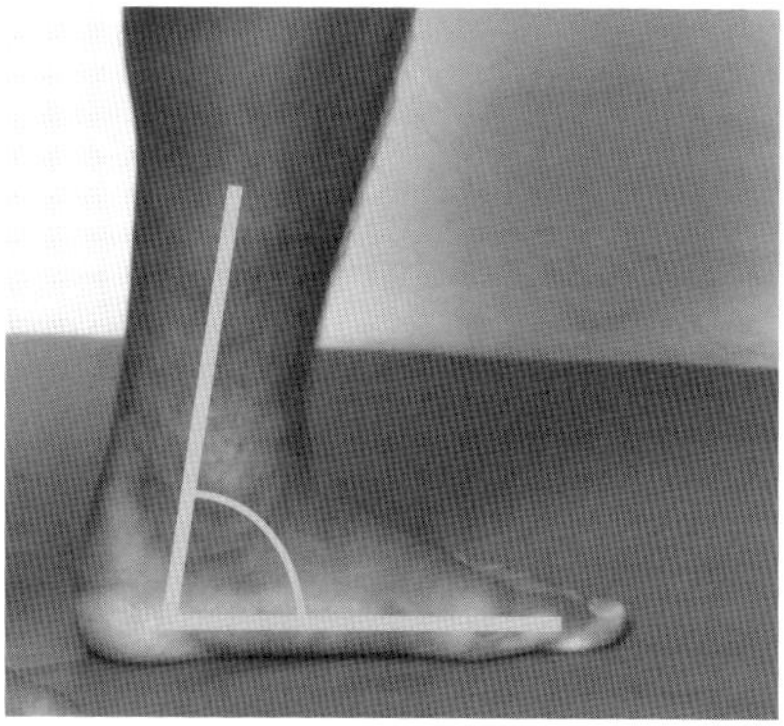

鋭角足首で脚全体に疲労がたまる

パフォーマンスが落ちていきます。

例えば、歩いているときに鋭角足首を作っていたとして、一回の時間は1秒にも満たないくらいでしょう。そんなわずかな時間でも悪影響が……？と思うかもしれません。しかし、1回の鋭角足首の時間は短くとも、それを何百回、何千回と繰り返すわけですから、その蓄積《ちくせき》がだんだんと脚に効《き》いてくるのです。

ふくらはぎの筋肉は、立つ、歩く、走るなど、脚の運動において中心的な役割を担《にな》っています。このため、筋肉が張ったり疲労して機能が落ちてくると、下半身全体のバランスにも影響します。人間の体は全身が連携《れんけい》していますから、ふくらはぎをかばおうとして別の所によけいな負担が出たり、あるいは左右のふくらはぎの疲労度の違いで脚の動かし方がアンバランスになって、どんどん悪影響が連鎖《れんさ》的に広がっていくのです。

サッカーなどで、試合開始直後は相手と1対1のスピードが同じくらいだったのに、試合後半には走り負けするようになった――。こういうことが起こるのは、試合中に鋭角足首を何回作っていたかの差かもしれません。

日常動作からも鋭角足首を減らしていく

もちろん、スポーツの局面では、どうしても鋭角足首にしないと対応しきれないこともあります。それ以外の鋭角足首をできるだけ減らし、脚本来の力を発揮できる状態にしておいてほしいのです。走るときと、歩くとき、スタートのとき、ボールを待っているとき……さまざまな場面で必要のない鋭角足首を見かけます。また、日常生活でも、歩き方、自転車のこぎ方、座り方など、無意識に鋭角足首のクセをつけてしまっている人も多いのです。

例えば歩くとき、多くの人は足が体の真下を通って後方へ行き、鋭角足首を作った後、足を上げて前方へ運びます。そうではなく、足が体の真下をすぎたらかかとを上げ始めると、鋭角足首を防ぐことができ、負担の少ない歩きになります。

自分のさまざまな動作の中から鋭角足首を探し、つぶしていくことで一段階上のアスリートになることができるでしょう。

日常のさまざまな動作にも鋭角足首が隠れている

回内《かいない》のクセをつけない

足は回外《かいがい》の方が高パフォーマンスを発揮できる

「回内」とは、足首を内側（親指方向）に回すような脚の動きのことです。反対の「回外」は外側（小指方向）に回す動きです。

脚の回内と回外

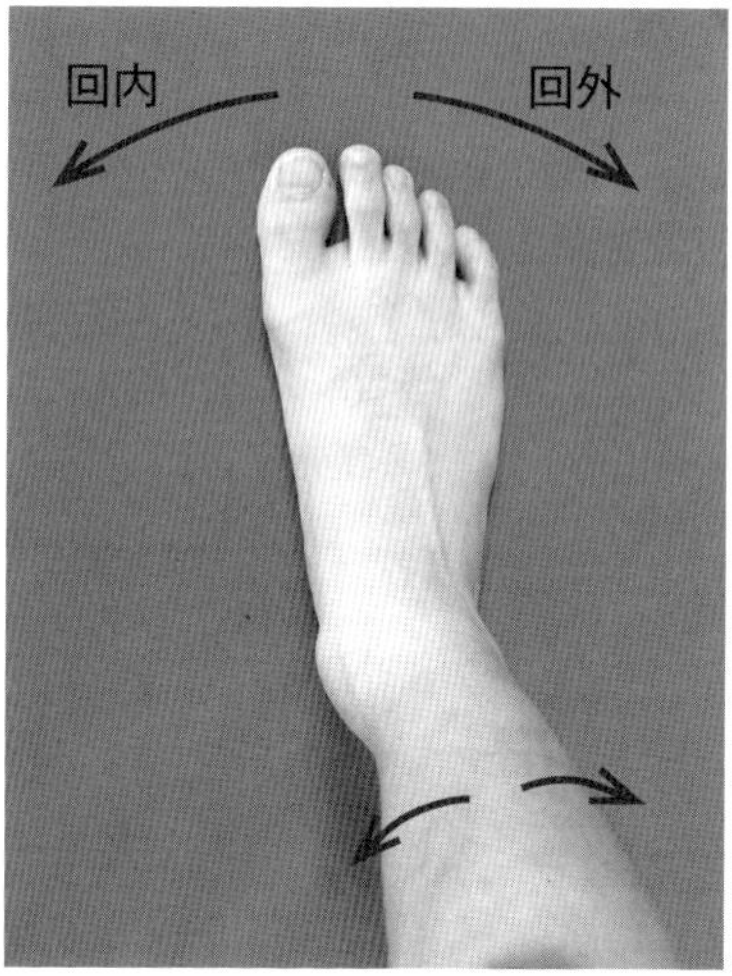

スポーツにおける動作を見ていくと、足は回外の状態にある方が本来の機能を発揮し、高いパフォーマンスへとつながります。回内状態だと、股関節《こかんせつ》（太腿《ふともも》）が内旋《ないせん》してしまい、可動域《かどういき》が狭《せま》くなります。そして、足、ひざ、股関節の機能が十分に発揮できず、運

動していて疲労が出やすくなったり故障を招《まね》くようになっていきます。

第2章で紹介した卓球の世界チャンピオン、馬龍（中国代表）（↓48ページ）は常に両足を開いた回外状態にして、左右どこにでも反応できる驚異的なステップをつくり出していました。また、バドミントンの元世界チャンピオン、リー・チョンウェイ（マレーシア代表）（↓54ページ）も、元巨人の走塁スペシャリスト、鈴木尚広も（↓66ページ）、初動でまず軸足を回外させて足先を進行方向と逆に向け、スタートを切っています。

試合中に脚の機能をちゃんと発揮させるためにも、脚をしっかり回外させることが重要です。第3章で紹介したトレーニングの足指ステップ（↓106ページ）は、回外の動きを体に染みこませるための運動なのです。

回内のクセがつく動作を日常からしないようにする

ところが、きちんと脚を回外させられない人が意外と多いのです。その原因は、日常生活の中から回内のクセをつけてしまっているからです。

スポーツでは脚を回外させることが重要

例えば、寝るとき。つま先同士を内側に向けるような格好《かっこう》で寝ていると、脚に回内のクセがついてしまいます。他には、椅子に腰掛けるとき、両方のひざを付けているのに、足首をハの字に開いている姿勢なども同様です。そして、横座りや悪い体勢の横向き寝は、片足だけ回内状態のクセがつきます。

また、女性に多いのですが、立った状態で両膝と両くるぶしを付けると、ふくらはぎの真ん中に隙間《すきま》が空《あ》く人がいます。正面から見るとふくらはぎが弓形にふくらんでいるように見える体型です。これはふくらはぎ自体が変形しているのではなく、脚が回内（内旋）し、ふくらはぎの正面がずれているからそう見えるのです。

アスリートを目指しているのであれば、このような日常動作から気をつけて回内をなくし、脚に回外のクセをつけていってください。

**脚を揃えて
ふくらはぎに大きな
隙間ができる人は
脚が回内状態にある**

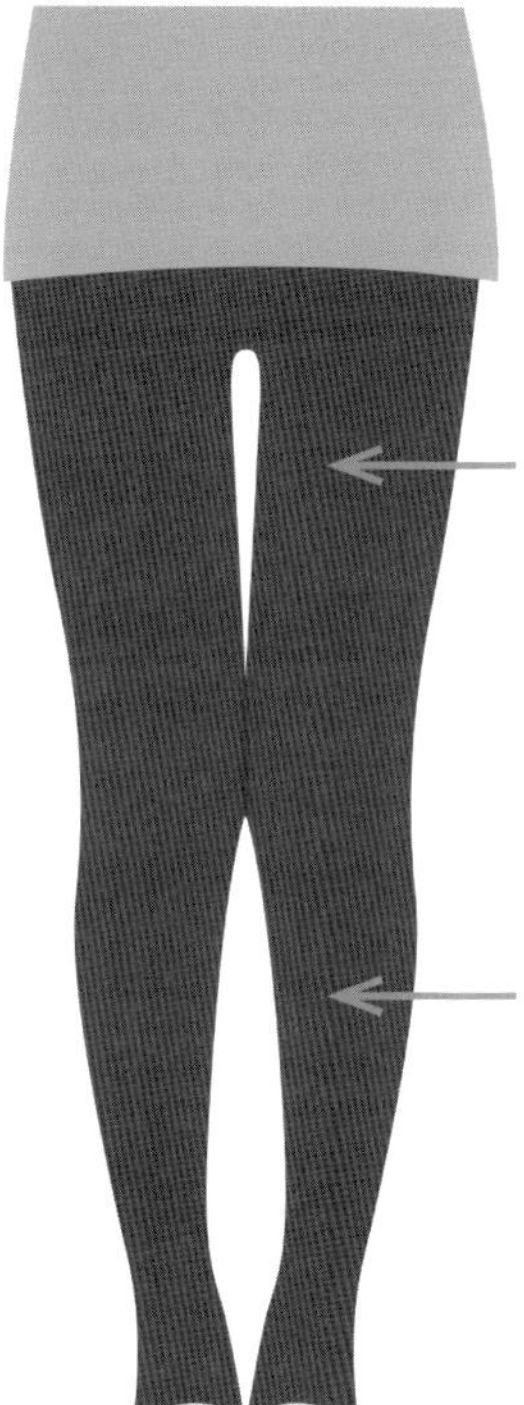

日常生活で回内のクセをつけてしまっている

片足だけ回内のクセがつく姿勢もある

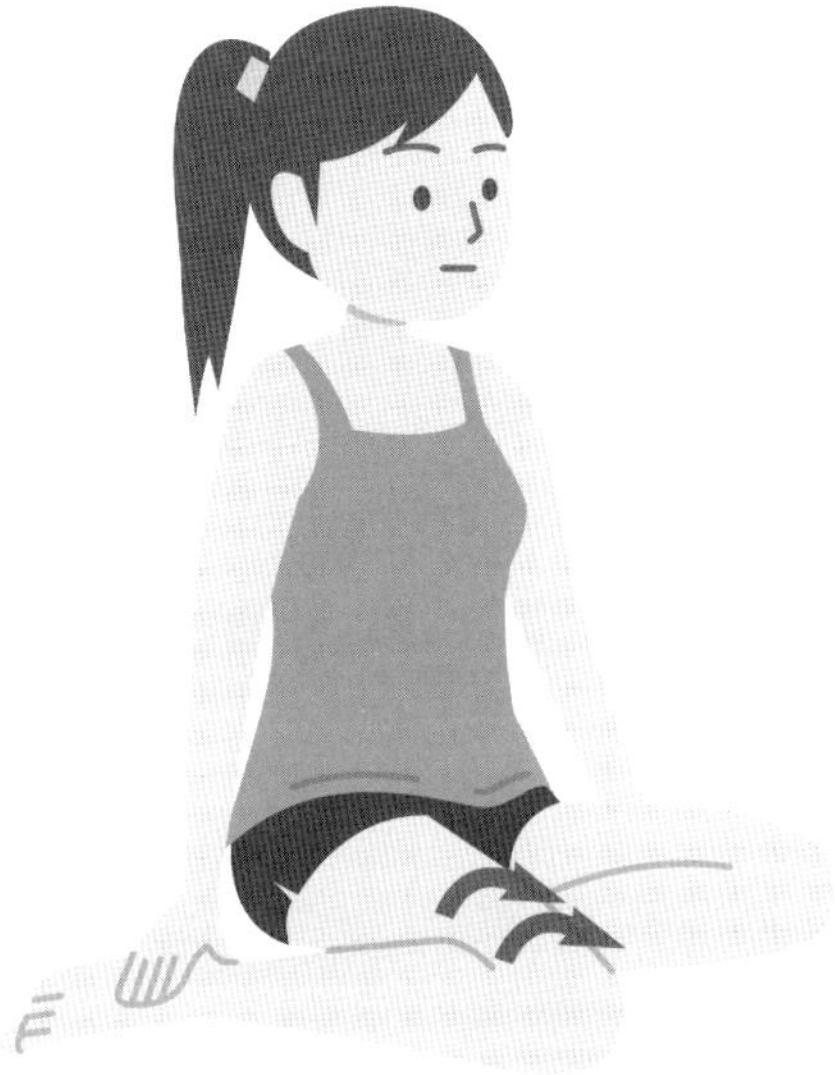

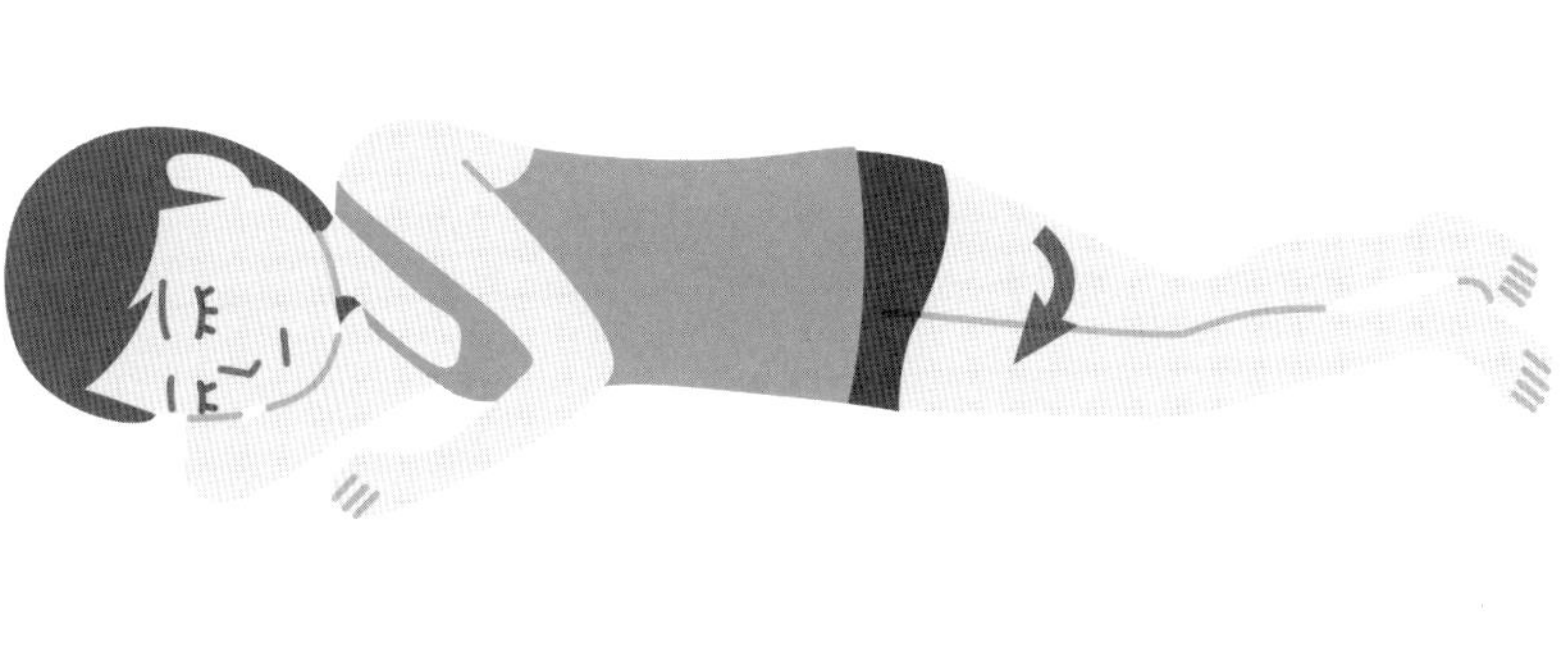

日常生活から悪いクセを撲滅《ぼくめつ》

「拇指丘折《ぼしきゅうお》り」、「鋭角足首《えいかくあしくび》」を続けていると足が変形してしまう

実は、日常の動作のクセがスポーツに影響するのは、回内だけではありません。ここまでに紹介した「拇指丘折り」、「鋭角足首」なども、普段の動作のなかに多く隠《かく》れていて、知らず知らずのうちに少しずつ足や腰に負担をかけています。例えば、歩くとき、ほとんどの人は足が後ろにいったところで毎回、鋭角足首の形を作ります。また、踏《ふ》み出して着地するとき「拇指丘折り」の人も少なくありません。

そういう歩き方をしていると、長期的には、腰やひざの痛みを招《まね》きます。それだけでなく、いちばん影響が大きいのは、足が正常でない形に変形し、長い間それを続けていることで、その形に固まってしまうことです。変形といっても、ものすごく足の形が変わるわけではありません。土踏《つちふ》まずがつぶれて扁平足《へんぺいそく》になったり、足のアーチがつぶれてしまったり、足指が曲がりづらくなって浮き指（普通に地面に

日常動作からも３つの悪い形を減らす

拇指丘折り

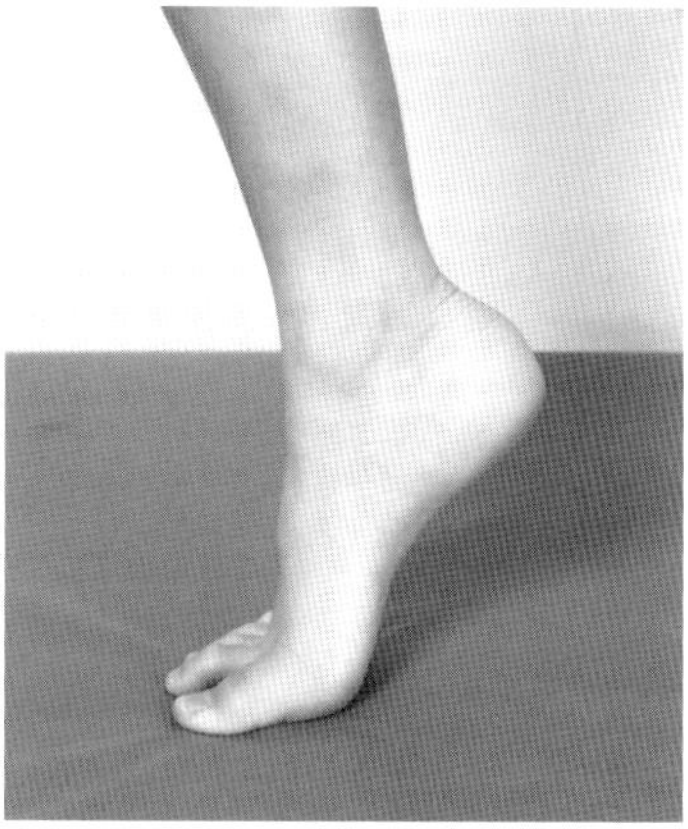

鋭角足首

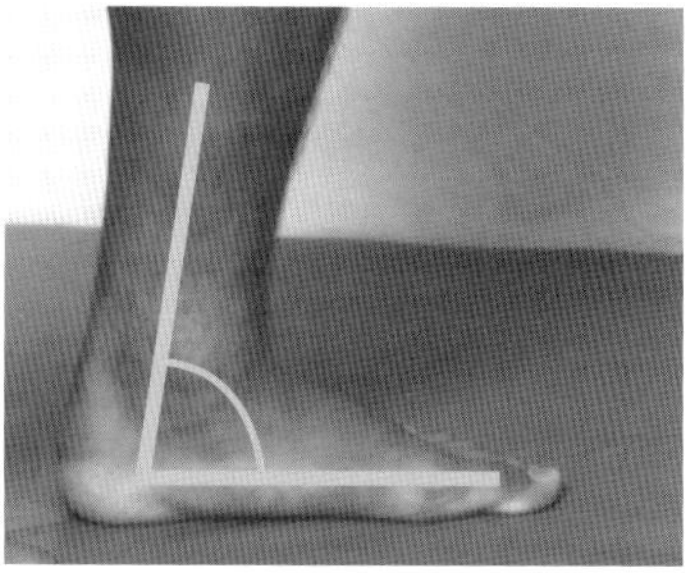

背屈手首

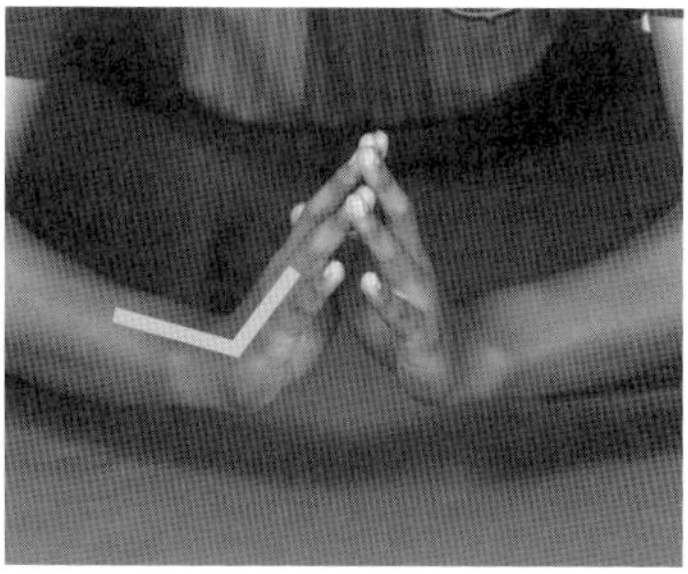

足を着いたとき、足指が浮いて地面に着かない状態）が固定されてしまったり……。一般の人から見たら大したことはないと思うくらいの変化かもしれませんが、足の正常な機能を失わせるには十分です。

こうなると、スポーツのときだけちゃんとした足の使い方をしようとしても、うまくできなくなります。ケガをしやすい体でスポーツをしていくことになってしまいます。

（足跡を一本線にしない）

「鋭角足首」を作らない正しい歩き方

足首を伸ばし、下に向けた足指が地面を擦《す》るようなイメージで足を前に運ぶ

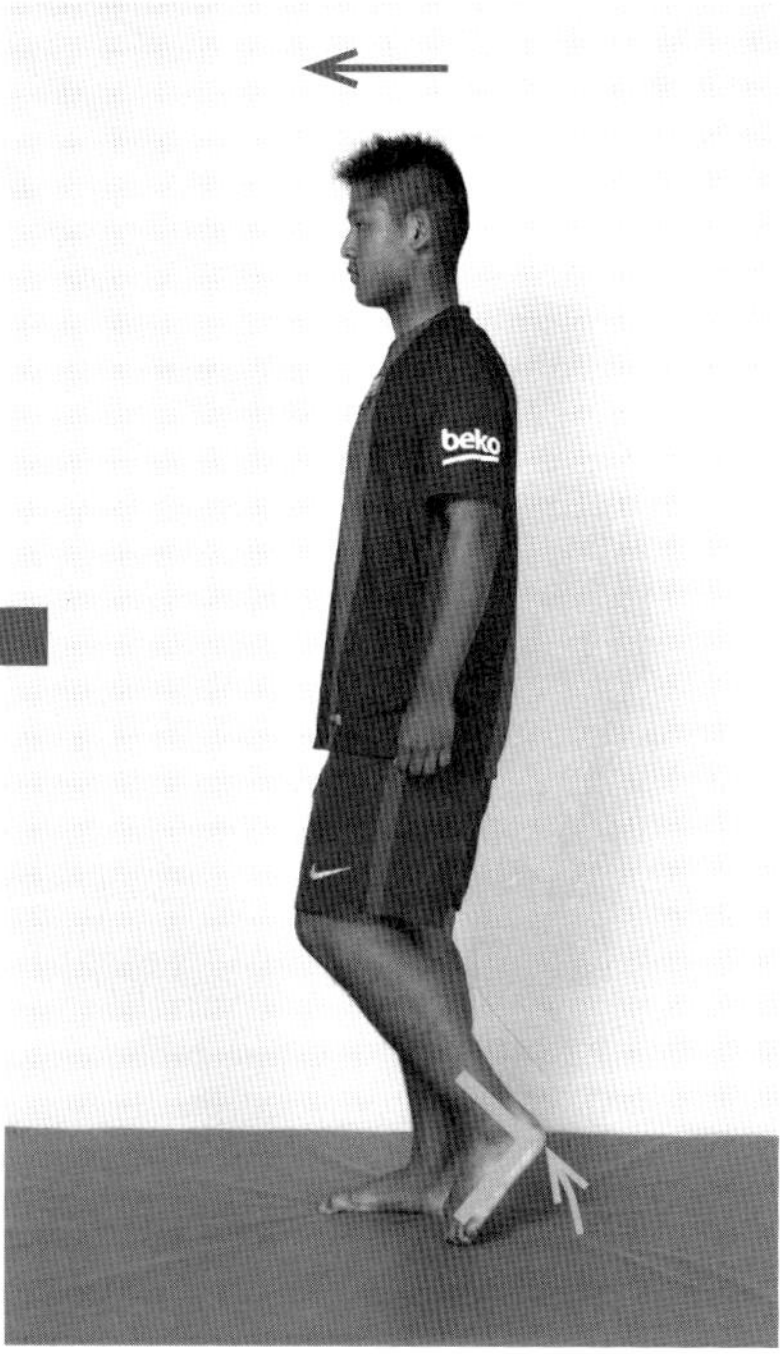

早めにかかとを上げ、足首の角度を90度以上に保つ

座っているときは「拇指丘折り」に気をつける

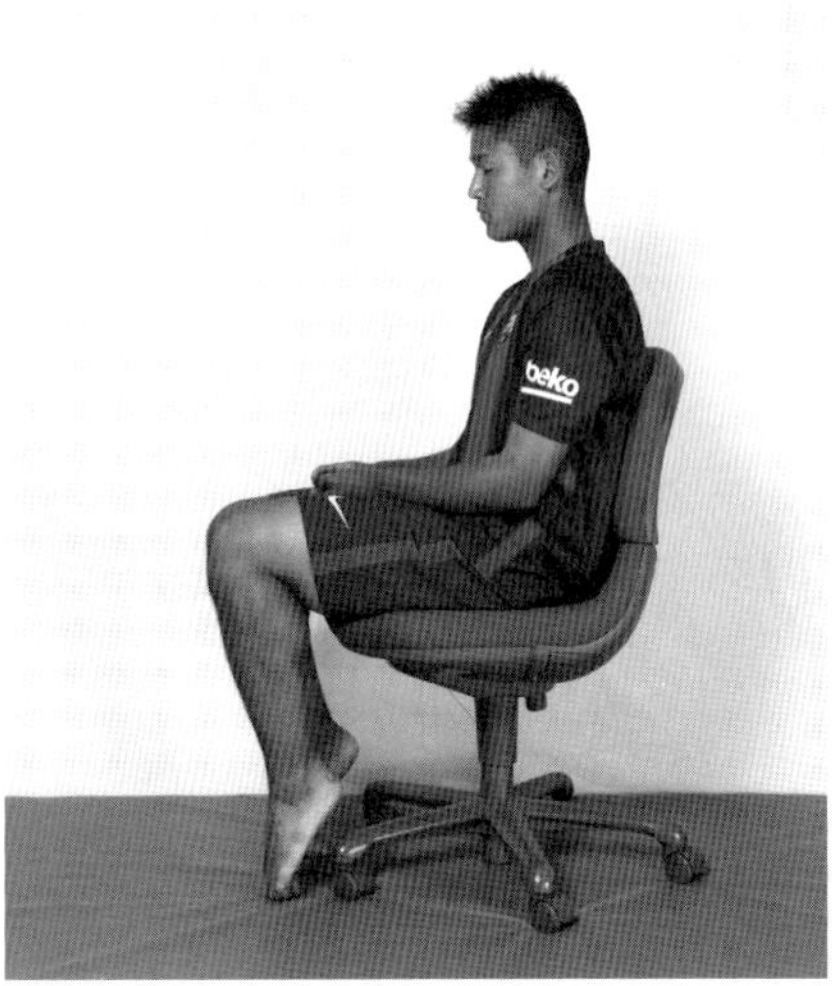

ひざを深く曲げたいときは
足指を下に向ける

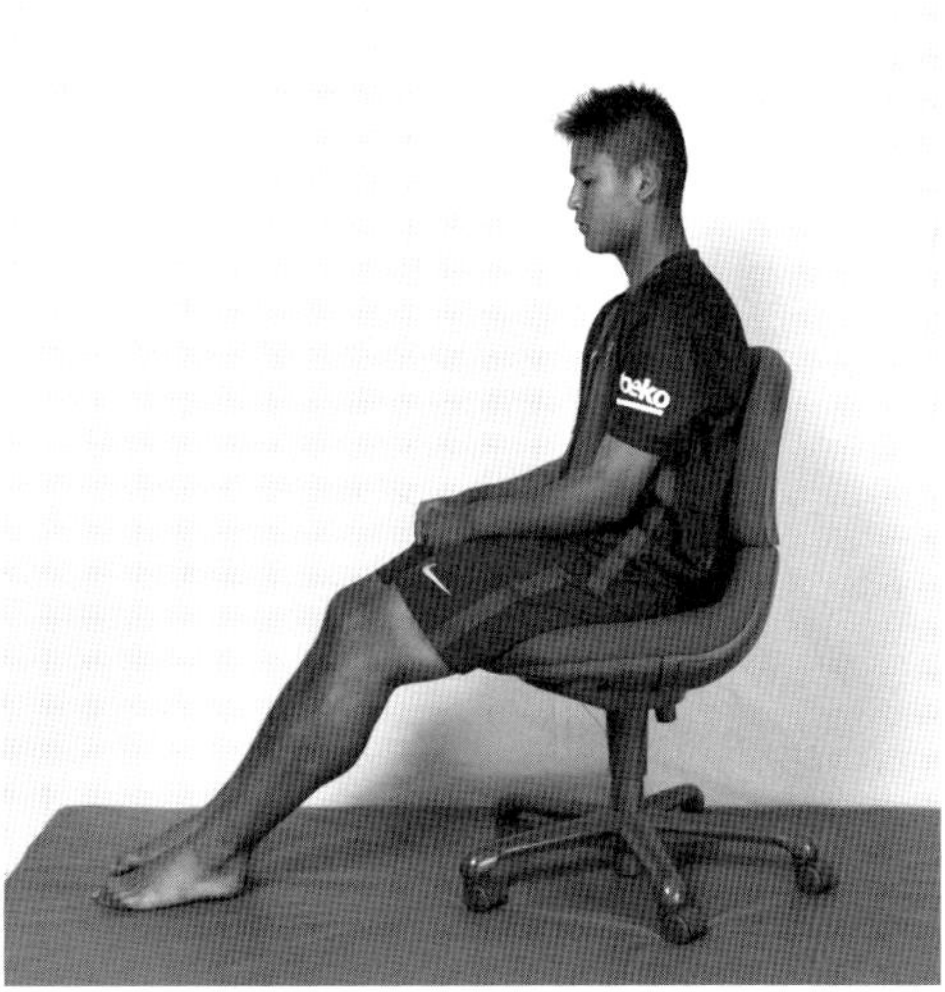

足裏全体を床に着ける

「背屈手首《はいくつてくび》」にも気をつけたい

本書のテーマは足が中心ですからここまで触れませんでしたが、アスリートを目指す上で、日常生活から減らしていきたいポーズがもうひとつあります。それは、「背屈手首」。手首を手の甲側に曲げる動きです。

手首をそのように曲げてみると体感できると思いますが、このポーズは、前腕（ひじから手首の間）の筋肉をとても緊張させます。その緊張によって肩の動きが悪くなり、肩こりなどを招きます。それだけでなく背骨周辺の運動にまで影響し、全身の運動能力を落としてしまうのです。

最近ではウォーキングをするときにストックを使うことがありますが、なかにはストック持つときにこの「背屈手首」の形を作る人がいます。それでは、脚の動きが悪くなって早く疲れてしまい、健康のために歩いているはずなのに、肩こりを呼び寄せてしまいます。

また、自転車に乗るときもハンドルに手を着き、手首を甲側に折ってしまいがちです。敏感《びんかん》な人だと、同じ強度で自転車やエアロバイクを漕《こ》いでいて、「背屈手首」

を作ったり戻したりすると、ペダルを漕ぐ重さが変わるのが感じることができます。

通学中も授業中も3つの形を撲滅

アスリートを目指しているのなら、日常のさまざまな動作から、「鋭角足首」、「拇指丘折り」、「背屈手首」の3つの形をなくしていってほしいのです。

通学で歩くときは、足が体の真下をすぎたらすぐにかかとを上げ始め、足首を90度以上に保《たも》ちます。

授業中、座っているときは、足の裏全体を床に着けてください。ひざを90度以下に折ると、「拇指丘折り」で足を着きがちです。ここでは、足指を下に向けた形にしましょう。

準備運動やウォーミングアップにもこの3つの形が隠《かく》れていることがあります。例えば、座って足指を手で持ち、手前に引き寄せるようなストレッチ。これは「鋭角足首」と「拇指丘折り」を自ら作ってしまい、足にはよくありません。脚の後ろ側の筋肉をストレッチしたいのであれば別の形のものにした方がよいでしょう。

✕　拇指丘折り

準備運動やストレッチにも危険な姿勢が潜んでいる

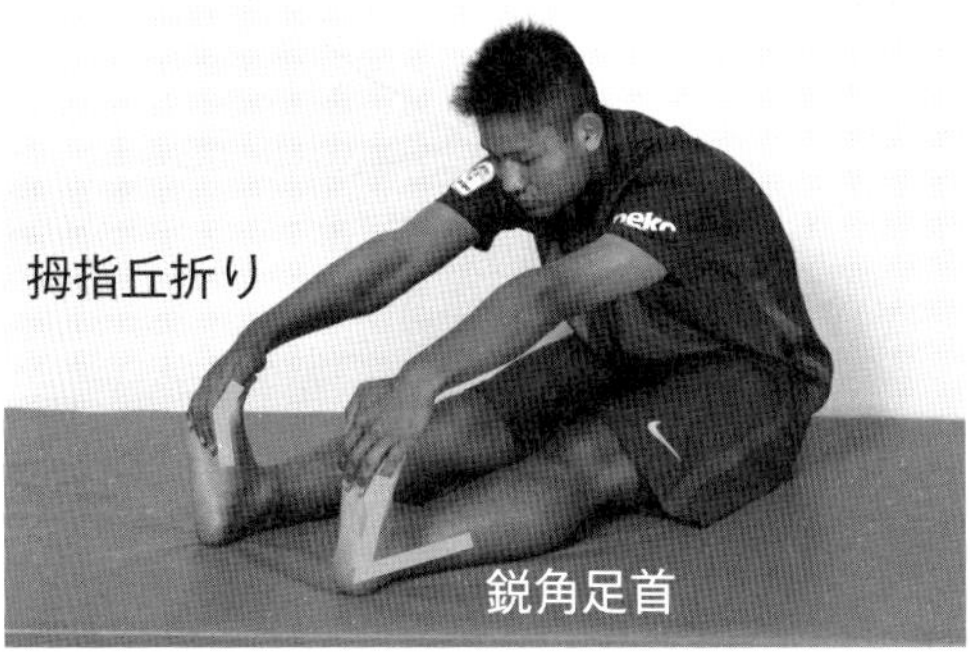

コラム

靴の選び方

拇指丘折りになりづらいシューズを選ぶ

足の話をするとき、靴も大きな要素です。

靴は、人間の足を保護するために生み出されたものです。おかげで、とがった石がゴロゴロしている山でも、トゲのある植物の生える草原でも、足にケガを負《お》わずに歩けるようになりました。ただ、足にとって過保護《かほご》になっている面もあります。

スポーツ用シューズを選ぶときに気にしてほしいのは、ソール（靴底）の曲がり具合です。いまは、衝撃吸収をうたったもの、反発力があるというものなど、いろいろなシューズが出ていて、ソールの硬《かた》さ（曲げやすさ）もさまざまです。足の指をきちんと使い、足本来の機能を活かした動作をするためには、ソールは硬め（曲げづらいもの）を選びましょう。

なかには、ちょうど拇指丘のあたりのソールを柔らかくしてあるシューズもありますが、これは「拇指丘折り」になってしまうので、足によくありません。この部分が曲がりやすいシューズを履いて日常的に「拇指丘折り」をしていると、シューズ上部、足指の付け根の部分にしわがよったり折り目がついたりします。普段履いているシューズのこの部分にハッキリとしわや折り目がついている人は、歩き方、走り方に注意してください。

シューズは拇指丘折りになりづらいものを選ぶ

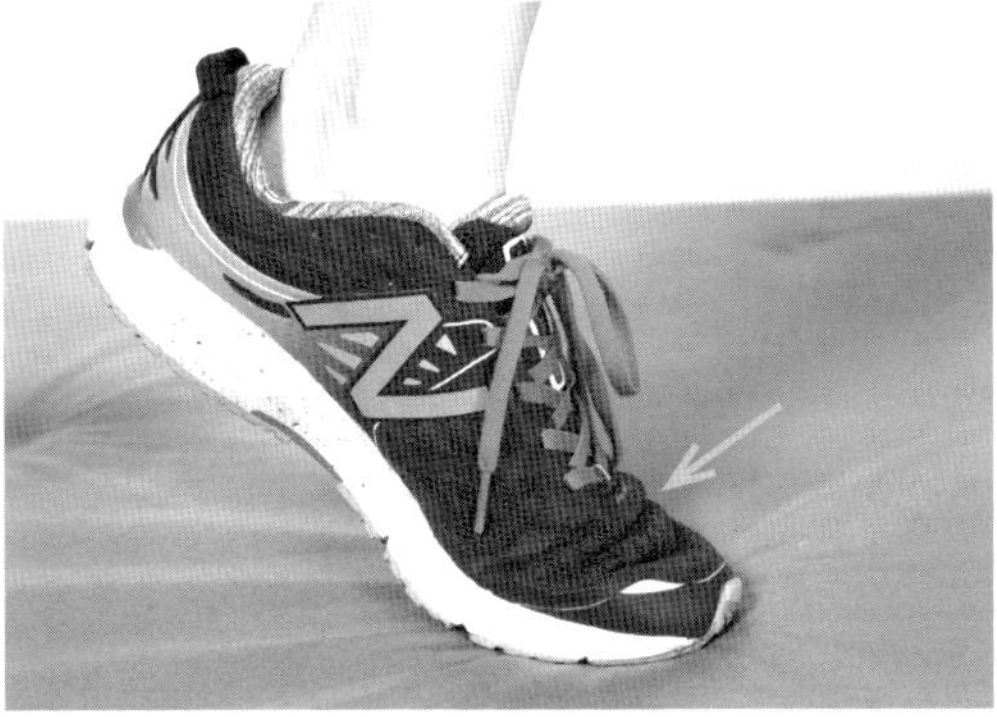

また、スポーツ用だけでなく、普段履く靴にも気を遣《つか》ってほしいのです。鼻緒《はなお》もなく、足の甲に固定するベルト等もない、足がパカパカしてしまう樹脂製《じゅしせい》サンダルが流行っていますが、あれは浮き指になりやすい形状をしていて、拇指丘着地のクセがついてしまいます。

普段も靴紐《くつひも》をきちんと締《し》めて履《は》き、サンダルであれば鼻緒があるものや足の甲を固定できるものを選ぶべきです。

終　章

保護者のみなさんへ

子どもをアスリートにするため親のできること

2歳6カ月のターニングポイント

いま、幼稚園生やそれ以下の小さな子ども向けのスポーツクラブや運動教室などが盛況《せいきょう》だと聞きます。

子どもをアスリートにしたいと思った場合、どのくらいから始めればいいか考えたことがあるでしょうか。早ければ早いほどいい？　必ずしもそうとは言えないのです。スポーツ・運動の基本は足です。子どもの足に注目すると、その理由が見えてきます。

人間の足の成長を見てみると、足の中央付近の主要な骨は2～3歳で出現し、成長を続けて17～20歳くらいで癒合（周辺の骨と結合）して足が『完成』します。子どもがかかとを使って立ち始めるのが2～3歳前後。その頃から骨が形成され始め、

足の骨は何歳でできあがるか

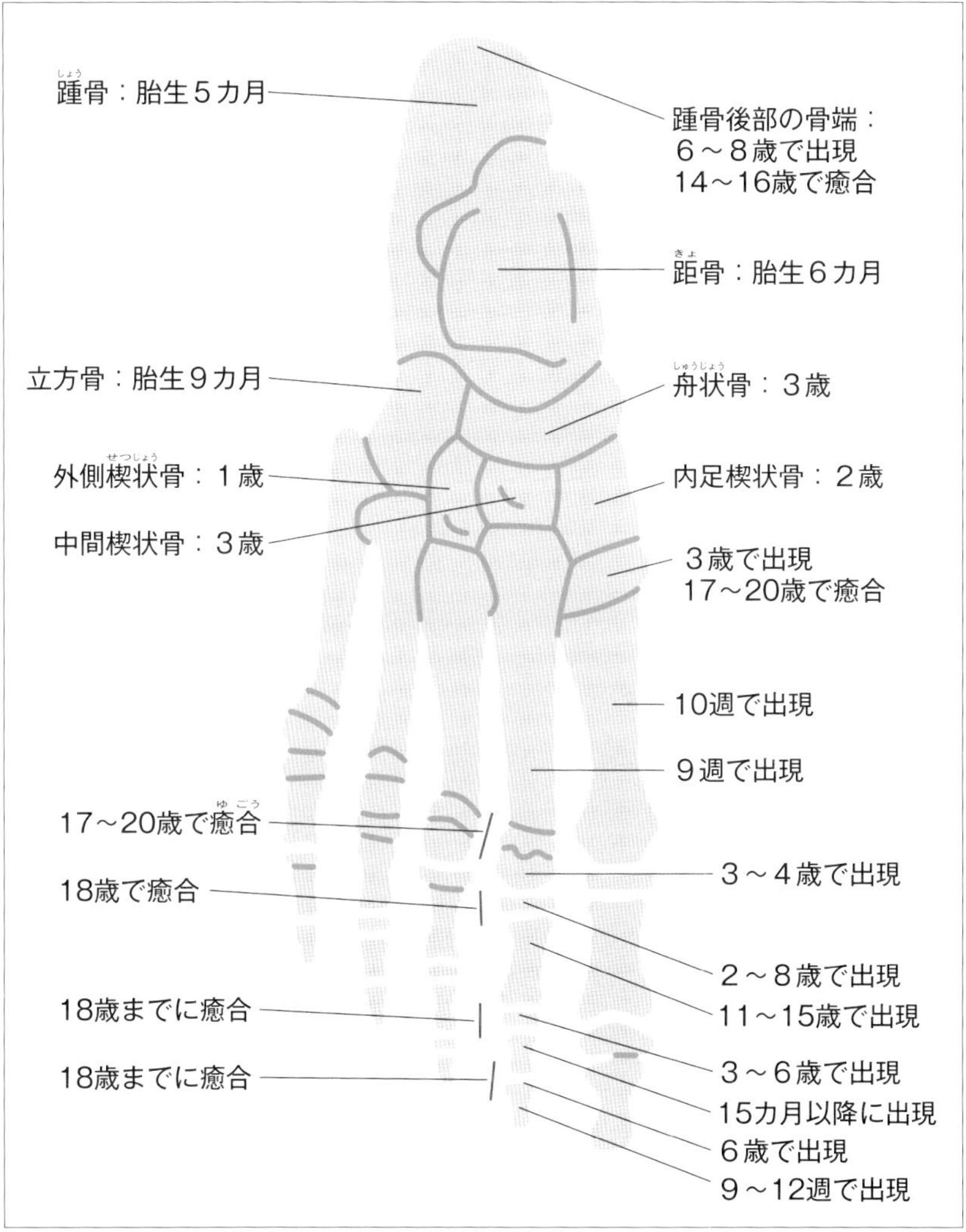
踵《しょう》骨：胎生５カ月
踵骨後部の骨端：
６～８歳で出現
14～16歳で癒合
距《きょ》骨：胎生６カ月
立方骨：胎生９カ月
舟状《しゅうじょう》骨：３歳
外側楔状《せつじょう》骨：１歳
内足楔状骨：２歳
中間楔状骨：３歳
３歳で出現
17～20歳で癒合
10週で出現
９週で出現
17～20歳で癒合《ゆごう》
３～４歳で出現
18歳で癒合
２～８歳で出現
11～15歳で出現
18歳までに癒合
３～６歳で出現
18歳までに癒合
15カ月以降に出現
６歳で出現
９～12週で出現

足の形が決まる最初のターニングポイントを迎えるのです。

人間本来の機能を十分に使いながら足が育てば、4歳くらいから徐々に土踏まずがわかるようになり、きちんと衝撃吸収機能を備えた足になっていきます。ところが、この最初の段階で扁平足《へんぺいそく》の元を作ってしまうと、大人になってから直すのは難しいのです。

スポーツにおいて扁平足は、足の衝撃吸収能力が低いため疲れやすく、ケガもしやすいと、いいことはありません。

裸足は子どもの体によい？ それは大きな誤解

何が子どもの足を扁平足にするのか——。

それは、フローリングなどの硬くて平たい床で裸足で過ごさせてばかりいるからです。子どもを裸足で過ごさせることは健康にいいようなイメージがあるかもしれませんが、硬くて平らな床をぺたぺたと裸足で歩くと、足も平らになってしまうのです。これからの足の成長を決定づける幼児期に、ずっとそんな場所で過ごさせると土踏まずが発達せず、扁平足を作ってしまいます。

そのほかに、子ども用の靴で笛《ふえ》が仕込んであり、足を着くとピコピコと鳴るものがあります。あれを履《は》かせると、周囲の大人が喜ぶのに応えようとして、子どもが足全体を強く着いてみせるようになります。そのクセがついてしまい、これも扁平足の要因《よういん》になることがあります。

子どもを裸足で過ごさせるとしたら、平らでなくデコボコしたところがいいのです。理想を言えば玉砂利《たまじゃり》（直径2cmくらいの丸い石）を敷《し》き詰めたような場所です。足をべたと着くのではなく、指まで使った歩き方が身につきます。

これは幼児期ばかりでなく、足の骨が未完成の10代も共通です。スポーツを志す人が硬い床の室内で過ごすなら、裸足でなく靴や足を固定できるタイプのサンダルなどを履いてほしいのです（スリッパはあまりよくありません）。

人間、生まれつきの扁平足はいないのです。4歳くらいまでは土踏まずがなく、

裸足が、扁平足の原因…？

子どもの足の成長

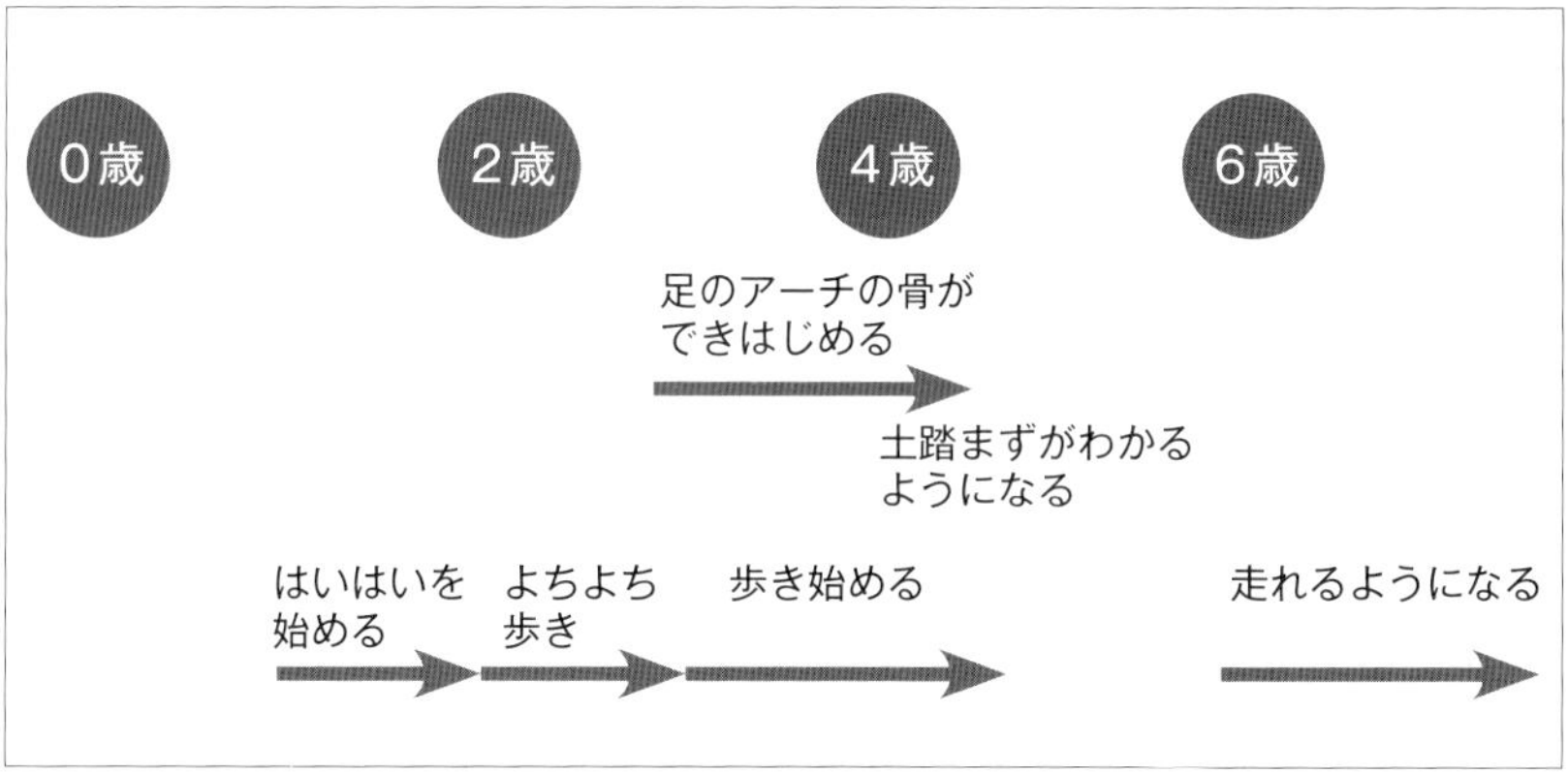

一見、扁平足に見えますが、人間本来の正しい環境で足が育てば、自然に土踏まずが現われます。足の正常な発達を妨《さまた》げて扁平足を作っているのは、周囲の環境なのです。

小さい頃から『競技』をやらせることの弊害《へいがい》

聞くところによると、子ども向けのサッカースクールでは、幼稚園生や小学校低学年の子にもインサイドキックの指導をしているところもあるようです。しかも、教えるのは足を地面と平行にして蹴る大人のようなフォーム。それでは、小さい頃からかかと着地がクセになってしまい、足の変形を招《まね》き寄せているようなものです。また、この形のインサイドキックばかりを多くやらせると、足首を伸ばすことのできない選手になってしまう傾向もあります。

私の治療院には中高生も多く訪れますが、その年代で脚に深刻なスポーツ障害を負っている子は、そうやって幼稚園や小学校低学年時代から大人のようなプレーを教えられ、足の変形をともなっている選手が大半なのです。骨格がまだ形成されていない時代にハードな練習をさせすぎると、これから成長する部分が固まって育たなくなってしまいます。

サッカーに限らず、日本の少年スポーツは、小さい年代からスパイクを履いてユニフォームを揃えて……と大人同様に『競技』をさせすぎではないでしょうか。この年代は、もっと足を遊ばせて育てるべきなのです。

遊びが健康な足を育てていた

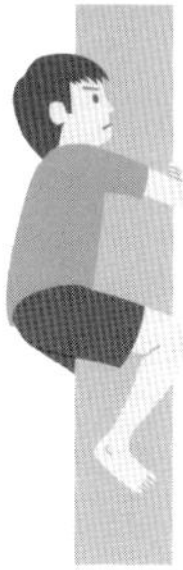

木登り、竹馬など日常の遊びが正常な足の成長に大きな役割を果たしていた

昔の子どもは、スポーツクラブなどありませんでしたから、デコボコの野山を歩いたり、木登りをしたり、竹馬

をしたりというのが日々の運動でした。足の骨格ができるまでの時期は、そうやってさまざまな運動をさせて育てた方が、足の成長という面では健康なのです。

また、筋トレにも同じ側面があります。トップアスリートがやっているからといって、子どもが同じように「腹筋をつけて、腿《もも》の筋肉を強化して……」などとやるのはあまり意味がありません。特に子どもは、自分の感じている痛みが疲労によるものなのか、筋肉痛なのか判断できません。親やコーチがそばについていたとしても、限界を伝えられないのです。

反射動作《はんしゃどうさ》は早いうちから

幼児期からスポーツをやることの難しさを述べてきましたが、反対に、小さい頃から身につけさせた方がよい分野もあります。

それは、反射動作。

球技などの場合、「ここにボールが来たから」、「こうやって動いて」、「こう打ち返そう」と考えて行動することが普通ですが、それは意識動作。反応速度に限界があります。

そうではなく、ボールが所定の位置に来たことを認識したならオートマチックで体が動いて対応しているというのが反射動作です。世界レベルのアスリートを目指すなら、反射動作をいくつ身につけられるかが鍵《かぎ》となります。

例えば、卓球は相手との距離が短く、最小時間で反応しないと間に合わない競技です。近年、男女とも日本勢が世界で活躍して話題となっていますが、福原愛《ふくはらあい》選手（2018年10月に引退）も伊藤美誠《いとうみま》選手も張本智和《はりもとともかず》選手も、小さくてラケットも満足に振れない頃から親御さんによって徹底的に反射動作を叩《たた》き込《こ》まれたから、今日があります。

スポーツでは、卓球やテニスのレシーブ練習、サッカーのゴールキーパー練習、バレーボールのレシーブなど、反射動作的な反応が求められるケースは多くあります。スポーツには「読み」という用語があり、相手の次の手を予測することも重要視されています。でも、読みは外れるとそこで失点です。トレーニングでは、どこに来ても対応できる反応力を磨くことがベースとなるべきです。

そこで求められるのが反射動作です。読みに頼らない反射動作の向上こそが、日本人がスポーツで世界と戦うためのヒントになるはずです。

口だけの指導は子どもの身につかない

この反射動作を含め、子どもにスポーツの動作を教えるときに大事なことがあります。

口で「こうやるんだよ」と説明するだけでなく、動かす体の部分を触《さわ》って教えてやることです。これはスキンシップというような漠然としたものではなく、触れてやることでその部分に意識が行き、体の動かし方が浸透《しんとう》しやすくなるのです。子どもは、見本を見せて同じにやってみろと言っても、それのどこを見るか観察するポイントがわかりません。どんなに口で丁寧《ていねい》に説明しても、伝わらないものです。それよりも動かす場所を手で触れてあげて、「こう動かすんだ」とやってやることが重要なのです。

ですから、子どもをスポーツクラブ等に通《かよ》わせるとしたら、あまり大所帯《おおじょたい》でなくコーチが一人ひとりに目の届く規模の、少人数クラブの方がいいでしょう。

おわりに

スポーツにおいて、足は動作のベースとなる基礎です。長く活躍できる一流アスリートは、やはり足の使い方が優《すぐ》れています。

将来、子どもをトップアスリートにしたいと思うならば、まず子どものうちに足を崩《くず》さないことが大事なのです。

本書では、スポーツをしても足のケガを招かず、パフォーマンスも高い足の使い方を紹介してきました。将来アスリートを目指すみなさんに本書が一助になれば幸いです。

メディカルトレーナー　夏嶋　隆

子どもを一流のアスリートにしたければ

足指力《あしゆびりょく》を鍛《きた》えなさい！

2019年1月23日　第1刷

［監　修］　夏嶋《なつしま》 隆《たかし》

［執筆協力］　内田 智

［編　集］　加藤 敦（株式会社 南雲堂）
井上 華織、池田 博人（株式会社 インサイド）

［モデル］　富田エステファーノ・ダイキ / 池谷 天《そら》

［撮　影］　今井秀幸（株式会社スタジオ・アウパ）

［表紙デザイン］　銀月堂

［本文デザイン・DTP］
有限会社 Y2 デザイン

［発 行 者］　南雲一範

［発 行 所］　株式会社南雲堂
東京都新宿区山吹町 361
T E L　03-3268-2311
F A X　03-3269-2486
U R L　http://www.nanun-do.co.jp/
E-mail　nanundo@post.email.ne.jp

［印 刷 所］　日本ハイコム株式会社

［製 本 所］　松村製本所

〈1-583〉

ISBN 978-4-523-26583-2　C2075

動作解析評論家 夏嶋 隆先生が放つ腰痛持ち必備の書！

そこの腰痛で困っているあなた！　聞きたくないかも知れませんが

そんなことをしていたら
あなたの腰痛なおりません！

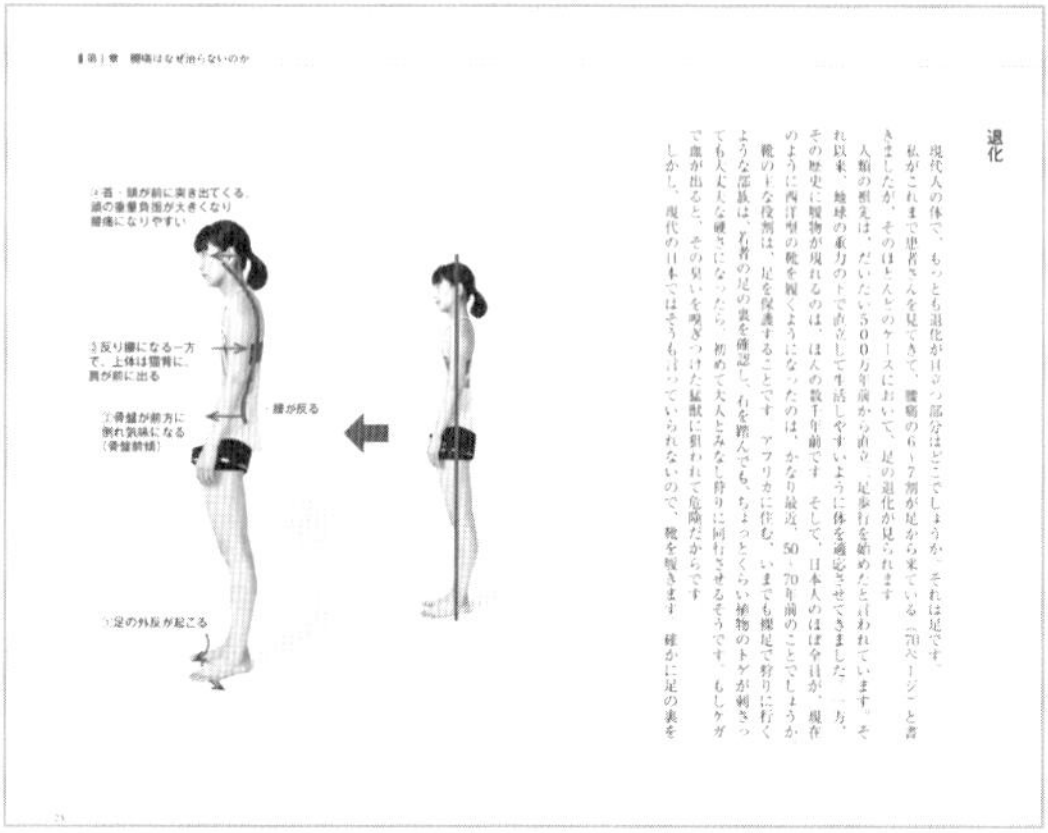
第1章　腰痛はなぜ治らないのか

④首・頭が前に突き出てくる。頭の重量負担が大きくなり腰痛になりやすい

③反り腰になる一方で、上体は猫背に、肩が前に出る

腰が反る

②骨盤が前方に倒れ気味になる（骨盤前傾）

①足の外反が起こる

退化

現代人の体で、もっとも退化が目立つ部分はどこでしょうか。それは足です。

私がこれまで患者さんを見てきて、腰痛の6～7割が足から来ている（70ページ）と書きましたが、そのほとんどのケースにおいて、足の退化が見られます。

人類の祖先は、だいたい500万年前から直立二足歩行を始めたと言われています。それ以来、地球の重力の下で直立して生活しやすいように体を適応させてきました。一方、その歴史に履物が現れるのは、ほんの数千年前です。そして、日本人のほぼ全員が、現在のように西洋型の靴を履くようになったのは、かなり最近、50～70年前のことでしょうか。

靴の主な役割は、足を保護することです。アフリカに住む、いまでも裸足で狩りに行くような部族は、若者の足の裏を確認し、石を踏んでも、ちょっとくらい植物のトゲが刺さっても大丈夫な硬さになったら、初めて大人とみなし狩りに同行させるそうです。もしケガで血が出ると、その臭いを嗅ぎつけた猛獣に狙われて危険だからです。

しかし、現代の日本ではそうも言っていられないので、靴を履きます。確かに足の裏を

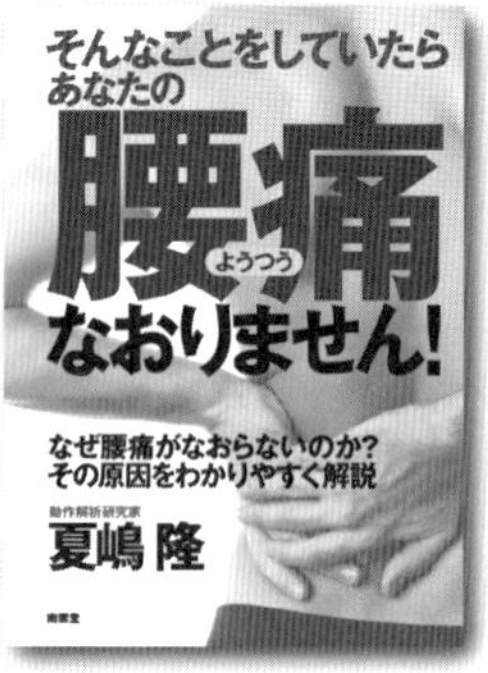

なぜ腰痛がなおらないのか？
その原因をわかりやすく解説

A5 判／ 152 ページ
定価（本体 1,400 円＋税）

ISBN978-4-523-26559-7
C2075

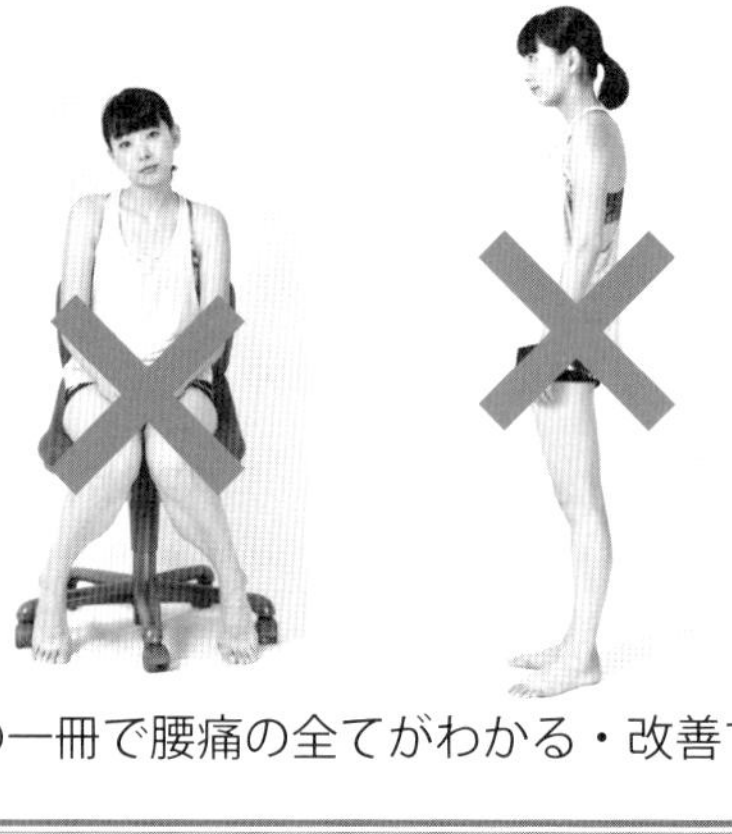

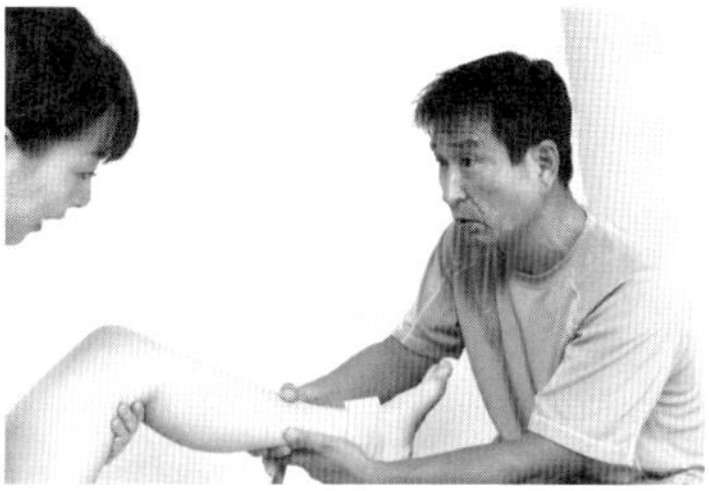

動作解析からの腰痛予防指導！

この一冊で腰痛の全てがわかる・改善する!!

http://www.nanun-do.co.jp/
nanundo@post.email.ne.jp
南雲堂
TEL 03-3268-2384
東京都新宿区山吹町 361